Alexander Kouts

Shura

Testimony of War

The testimony on which the text is based on interviews given to

**Yad Vashem**

יד ושם
YAD VASHEM

and documented in the archives of

**The Ghetto Fighters' House Museum**

בית לוחמי הגטאות

Alexander Kouts

# Shura

# Testimony of War

Editions Suger

Suger Press

Alexander Kouts

Shoura : Témoignage de guerre

Shura : Testimony of War

Editions Suger/Suger Press

Université de Paris VIII

2 Rue de la Liberté, 93526 Saint Denis, France

ISBN 978-2-912590-56-5

Printed in France 2022

Cover design: Judith Eyal

# Contents

Alexander Kuc (pronounced Kouts), born 1919 in Berezne, Ukraine, died 2005 in Tel-Aviv, Israel, carrying his Hebrew first name, Yesha'ayahu, or Shaye for his relatives and friends (after the prophet Isaiah). He was the fifth son of nine in his family. A fighter against the Nazis in the Ukrainian forests, a public figure, an Agronomy Engineer and one of the establishers of the pharmaceutics industry in Israel. The testimony published here was given following his coming to the country of Israel in 1957, to Yad Vashem (the World Holocaust Remembrance Center situated in Jerusalem) and is kept in the Ghettos Fighters' House (situated at Kibbuts Lohamei HaGhetta'ot). A few details were added following words he partook later on orally. It includes a description and analysis of the situation in Ukraine and the Jewish communities, before the Nazi Germany invasion in June 1942 – the Polish era and the times of the Soviet Rule. His testimony focuses mainly on the period he was fighting the Nazis – first as a "free-lance" partisan (a fighter not associated to a specific army) – and later as the commander of elite units of the

Soviet partisans. Finally, briefly, moving to Poland where he served in senior public offices before going to Israel.

The testimony is presented as told, in fine Hebrew, which he acquired at the "Tarbut" schools. It excels in the historic look at the era from the point of view of someone who experienced it first hand and therefore includes original clarity regarding some of the key topics for its understanding. Despite his membership at that period and for sometime following it, in the communist movement and party, it is clear throughout the testimony, that along with appreciation of its achievements and its facing the Nazi killer, he hasa critical and sober look at it. And just like he was strong and adamant on the battlefield, so he knew how to face negative phenomena on "his" side ; such as distorting and squashing of democracy, blunt and occasionally fatal antisemitism during the war, or the oppression of the working class in Poland, following it. Yet, his humanism and belief in Man is recognizable in each line. The value of Work was for him also central and vital for the honorable existence of Man in the days of war when one had to prove he was "useful" to preserve his life, and in normal days. He even takes the trouble to point out that while he was waiting to get to Israel, he was working as long as it was possible...

"Shura"- his nickname in the underground, which he chose not to keep later on-is a young man stressing all along the way his pride in being a Jew taking part in the horrific catastrophe his people suffered and refuses to relinquish it, even if it costs him the highest decoration he received during the fighting in addition to all the ones he got during and following it. The story, or rather the report, excels in the details' exactness brought succinctly due to the framework, with no sentiments for which there is no room and without trying to romanticize, with self control and especially humility, sometimes seemingly exaggerated. Acts and deeds, which could beused as a fascinating and overblown script, are stripped from their "color", heroism and splendor. His description is as prosaic as can be, he stresses intelligence and planning – "by wise counsel thou shalt make thy war" (Proverbs 24:6). An academic and a moralistic political person on the battlefield. However, an optimistic life loving man. A strong muscular man but an intellectual and sensitive person. Loyal to his family and the State of Israel. A role model for generations put to tests not yet finished and to those yet to come.

His testimony is published also in memoriam of his family members, his mother Hannah, his father Itshak Yossef, his sisters Rivka, Haya, Devora and Dvossia, his brothers Michael and Hayim killed in the Holocaust (his brothers Moshe and Ya'akov managed to get out to Argentina before the war). "I was not the best, the wisest or the most successful of them", he used to say, "but it was me who actually survived".

\* \* \*

# Berezne

I am a native of Berezne, a small village in the Volhynian Governorate, which in fact was a Jewish village. It was about 16 miles away from the nearest train station. Across the Sluch river were the edges of the large forests which were already part of the Polesie forests in Belarus. About 3,500 to 4,000 Jews lived there and, in its suburbs, there were a few neighborhoods of rural Christians who were agriculturists. Together they all numbered around 7,000 people and this awarded the place the status of a town in Poland. Berezne belonged to the Kostopol district. It was not much smaller than Kostopol but belonged to it administratively, nonetheless.

It was quite an old village and was built, apparently, as an initiative of a landlord named Malinsky. It seems he wanted to develop his domain and therefore organized a Jewish settlement of merchants and artisans. Then he built a large and luxurious synagogue and a home for the rabbi who was a leader of Hassidic Jews, built a modern market – even in today's concepts – with many shops and that, already in the beginning of the 18th century.

Following WW2, the development of the village stopped. In fact, it wasn't very far away from the border and east of it were spread villages with which there was, already, no connection and so none was established with the eastern part of Volhynia which was midway between Polesie and Ukraine.

The town then, was away from all centers but in fact was related with the towns around for various reasons. First and foremost, economywise. It was a center of wood industry. There were also two sawmills there and in the surroundings a woodcraft factory, a rarity in those areas.

Most of the Jews were small merchants and got their supplies from the villagers. There was also a large stratum of artisans. They actually served all the surroundings. It was a typical Jewish town serving the rural district around it.

A number of things characterized Berezne. The town centered around three families. There was the Pitchnik dynasty and two others, split from the Toybman family.

The people of the town were not a majority of Hassidic Jews but the influence of their chief rabbis was to be reckonned with all around.

Berezne was teeming with Jewish life. It had a Dayan (rabbinic judge), there were communal institutes such as a Jewish bank for loans and benevolence, a few synagogues, which were, except for the grand synagogue, split among the various traders and artisans like the merchants, the woodcrafters and the craftsmen. With 4,000 Jewish inhabitants – this was something special. There were also a religious school and a school where they studied Yiddish.

The town had also a lively political life. We had branches of various youth movements: HeHaluts (The Pioneer), HaShomer HaTsai'r (The Young Guardian), Beitar. Sure enough, there were debates and pluralism of opinions especially during elections to the Zionist Congress. All were involved.

Another characteristic of our town was the democracy. A well-known fact was that in the eastern towns there was a social stratification of the merchants and the artisans, between the distinguished and the non-distinguished. The differences between them were felt. No such segregation at our place existed. There was no cultural nor social disparity. Or it was not so conspicuous as in other towns, maybe because many studied and read, borrowed books from the library, attended lectures and were erudite people.

This state of things went on until the war broke out. Even before the war, the economic situation was worsened as in all of Poland where the situation for the Jews was tense and they were under special limitations due to the closeness of the border.

Economy wise the state of our family was good. We belonged to the honorable class. My grandfather had a small estate and his children continued in the agricultural tradition. Yet, my father wanted his children to live in the city and therefore left the village.

As for myself, I finished my studies at the "Tarbut" school and went on for higher education at the University of Lwow (pronounced Lvov in Russian and Yiddish, known today as Lviv in Ukrainian) at the Faculty of Agriculture. It was usually very difficult for Jews to be accepted to a high agriculture school, as it was difficult to accede to other high schools. Still, the students who came from families of agriculturistswere accepted since there was no excuse for limiting or making it difficult for them. Since I was the son of such a family, I was accepted for the studies.

But before I go on with my story about my studies at the Lvow university, I would like to dedicate a few words to the surroundings of my town. The environment I used to live in was populated by Ukrainians in the villages and Jews in the cities and towns. Obviously, the rural Ukrainians were the majority of the Volhynia population. I would like to point out that in the surroundings there were a few Polish villages – those which were transferred at the time from the center of Poland eastward, aiming at "Polonizing" the areas of Poland in the east. Those were Polish owners of big mansions that is of the higher recovering class and then was moved from the center of Poland, the area of Mazovia – and therefore were called "Mazurians". They got mansions in

Polesie and Volhynia. The purpose was to transfer the Ukrainians who were Orthodox Christians to Catholicism.

The Polish got accustomed to life of local villagers but held on to their traditions. Of course, they influenced a lot the development of the whole area and due to the fact they originated from the Polish nobility, they kept customs of a more developed culture.

The relations between the Jews and the Ukrainians were quite close. My grandfather, for example, was a small mansion owner and lived among the Ukrainians neighbors and good relations matured between them. Homes there were never locked, no one feared break- ins and stealing, they were not afraid from assault and attacks, unafraid that someone will do something bad to you. There was mutual trust. My father lived all his life in those villages along with the Ukrainians and never feared them.

As a result, correct trading relations also developed between Jews and Ukrainians. They bought goods at the Jewish owned stores. Here and there, there were robberies but they were the exceptions.

I remember that during my high school studies in Rovne, when I had to travel there and missed the train or the bus or the carriage, then I didn't care to go in the middle of the night and take a 10 mile hike between the villages to the train station since I felt no fear. For everybody knew me and I know everybody. I am stressing all that to prove that what happened later during the war, did not stem from a natural process of hate toward the Jews by the Ukrainians in the rural area. These unusual things changed without us thinking about them before.

There was, of course, arguing between the Ukrainians and the Polish. Among them, there was a deeper hate since they had historical past accounts to settle.

The Jews in Ukraine and in Volhynia never had pro-Polish opinions.

The elder Jews certainly did not approach the Polish. The younger generation did in fact ger close to the Polish culture but they were Zionist or anti capitalistic youths since they were pro-soviet.

One may say that we did not find among us pro-Polish Jews. Therefore, one may also say with certainty that there were no point of dispute on that matter between the Jews and the Ukrainians. It is obvious that the days of Khmelnytskyi remained well remembered. Both the Ukrainians and the Jews remembered them as well as the riots of Petliura and others although they were not that bad in our area. The villagers around us were not very active in the nationalistic aspect and this situation went on until the soviets came.

# The Soviet Era

The Soviet authorities reached us following the Red Army's crossing of the Polish-Soviet border on September 17, 1939. Within a few days representatives of the Soviet government came to us and started to organize the bureaus in our town.

When the war broke out on September 1st 1939 and the Germans attacked Poland, it seems that the Polish government's escape route passed through our town southward. On the day they passed our place, the center of town was destroyed in a bombing. It was quite strange that in a forlorn town such as ours, the war was felt already in its first days. There was a big bridge that they were about to blow up, maybe to hold off the Soviets from getting near. The organizing on the Ukrainians' side was also felt. They were Polish and pro-Germans. There was great influence of the German fascists on the Ukrainian youth. I am not saying that the influence was great in our area but more to the south, more in the center of Volhynia and Galicia. Anyhow, Ukrainians were drafted to the German army.

The Ukrainian leaders believed and hoped that later Germany will bestow on Ukraine its independence. They dreamed about it for a long time. I had met many Ukrainian friends and they feared that those will remind the Jews that they are not that much pro-Ukrainians, or, to be more accurate, pro-soviets. (The Truth is that during the Soviet's rule, there were a lot of Jews who cooperated with the Soviet government). The Ukrainians surely did not believe that that we, the Jews, were pro-polish.

Among our Jewish youth, there was a large group of left wingers. They were not communists but they were more inclined toward the Soviets. They were called "Linke" – they were pro-Communists, although they could not really be so, since they were agriculturists. Not from the working class.

Even in the Ukrainian villages, there were a few Communists but they were marginal youths.They were not politically organized but were considered to be so. There were those active in the MPR (an organization for helping political prisoners). This group helped the families of political prisoners and people incarcerated in Polish prisons. There were also women who were inclined to Communism.

In our village, a committee was organized for welcoming the Red Army. A majority of the members were Jews. They looked for some Ukrainians and indeed, they found some who were accepted to that committee. There was enthusiasm. It was not possible to to ignore the fact that the Germans were about to conquer Poland including our area. The Jews knew what their fate would be under Nazi occupation, therefore, when the Soviets arrived – it was natural that they will welcome them. In addition, the Jewish youth saw at that moment possibilities to study at all higher education institutes – something impossible for most Jews under Polish government. Not everyone could be accepted for studies and not all parents could afford their children's higher studies. There was the "Numerus Clausus" system, which meant that only a certain percentage of Jews was allowed to study. In our town there were 4-5 who made it to academic studies and two who completed their studies at the university. The Jewish youth wanted to study but the options were very limited. In addition, there were the Polish administrators going berserk. Every junior Polish clerk treated the Jews and the Poles as if he were the supreme ruler. Each junior policeman felt himself governor and opinion setter and the truth was that the population was frightened by the Polish policemen. Jewish clerks were not accepted to governmental institutes despite the fact that in our villages there was a Jewish majority. That was the government's policy before the war.

It could not be that a Jew would be a mayor. Seldom could a Jew get to the rank of vice mayor. Such was the case in our village. However, generally all clerks were Polish. They were brought from central Poland and the influenced public life. It was natural that among them was an antisemitic group, and resentment was always there.

We were interested by the Jewish life in Russia, we heard on the radio about plays in Yiddish, about performances of the Jewish actors. We heard about schools where they learned Yiddish, books in Yiddish arrived from there via many routes. All this impressed us and inclined us towards the Soviets. Adversely, the active Jewish Zionist youth wanted to flee when the Soviets arrived. They tried to escape through Lithuania. Then, during the first months, it was still possible to cross the border and get to Lithuania, where many youths from all Zionist youth movements gathered. The city of Vilnius was still free.

There were some who managed to get away but some were caught while crossing the border and were incarcerated.

The committee that was organized, was, as mentioned above, comprised of a majority of Jews and a few Ukrainians. The Soviets regarded the communist activists quite favorably. It must be noted that the communists or pro-communists of the village were quite strong. As I have mentioned, the youth could not pursue their studies, but these youth were more erudite than the sons of the artisans and also the sons of the merchants, they read many Marxist books, read the Soviets literature. The youth were self-made men – studying by themselves. They read Lenin's writings, Stalin, Marx. There were those who read openly and those who did so secretly but there was the will to know, to learn.

When they met with the Soviet people, even with party activists, it was strange to see them conducting theoretical discussions with them. Our youth thought that they were lagging behind the Soviet education and the Soviets youth. But the Soviets lever was totally different. It was a one-way road – conformity of thought dictated beforehand with sayings and formulas prepared in advance and that the Soviet people were compelled to accept. It was forbidden to think differently.

Conversely, the Jewish youth which was organized in youth movements such as: HaShomer HaTsa'ir, HeHaluts, and in leftist movements such as: the Bundists and the Communists, were witty youth. Jews who had good knowledge in Talmud or the writings, became also witty and knowledgeable in the Marxist-Leninist doctrine. They knew that it is imperative to have discussions and every two persons had two opinions. Therefore, when they met with Soviet influentials, they could not understand how they all speak in the same manner, with no criticism, like robots. I also noticed that during the time I was studying in Lwow during the Soviet era. It should be reminded that immediately following the Soviet take over, we went through a kind of disillusionment. We started thinking that it was not right. The Soviets turned my village – Berezne – into a small borrough. They turned the whole of Berezne into a center of a small area, administratively, with a regional council. They joined all the villages of the area into one borough.

Evidently, they started to organize the institutes in their own way. They brought their own people from the ease and appointed them as directors of the different bureaus. Soon they started organizing the elections for the National Convention or, as they called it "The Popular Assembly" that should convene in Lvow. This Assembly should have, on the face of it, accepted Western Ukraine into the Ukraine Republic and join Western Ukraine to the USSR and it should have given a formal approval, supposedly according to the request of the people of Western Ukraine to oblige them, accept them into the family of the Soviet Republics and annex them to East Ukraine. This is where the discrimination against the Jewish minority began. The leftist pro-Soviet Jews who preciously thought they should get high posts, that they should be elected to the "Popular Assembly" – were pushed aside by the Soviet government.

The Soviet organizers – the politicians who came from the USSR, immediately started looking for Ukrainians who were poor agriculture workers and since they were very scarce, they looked for workers in the rich Jews or polish farms and spitefully took them and put them in power positions. It was obvious that they let it be understood that it is a Ukrainian Republic, and that the Jews should not shoulder their way in , and the question was whether the Jews should join the "Popular Assembly" taking into account the number of Jews who lived in Western Ukraine, but it was clear that the Jews should not push themselves in.

The Soviet government gave quite substantial hints so that its aim – to give proper representation to the Ukrainian people representatives on the Popular Assembly – is clear. Yet, since there was talk about democracy, they would come to conventions of the city's inhabitants and would present their candidates and the audience had to "approve" the candidates who were already on the list prepared in the bureaus of the Communist Party. It was clear to all that when their candidates werepresented – and a vote was taken – you should not oppose and then the Komissars would stand and proclaim, "according to your will, we approve the representatives you have elected" etc. It was, of course, a very crude manipulation. Everyone was aware of this hypocrisy but no one would open their mouth – everybody was afraid for they knew the consequences arising from that.

The elections took place, the vote was unanimous and it was clear that the results were positive, that is an absolute majority in favor of the block of the Communists and the "Non-Partisans". Western Ukraine was formally annexed to the Ukrainian Republic but in fact, most of the leading clerkship, the ruling one, had come from Eastern Ukraine. The secretaries of the party and its members, occupied the key positions, were the managers of the bureaus and big factories etc.

The local activists were also given representation, which is those who were in prison during the Polish regime, Communists loyal to the Soviet government. They started to organize the youth in the "Komsomol" - the Communist Youth Organization and did not take into account who they were before but rather considered their own and their parents' economic situation or the social state of these people. What astounded the pro-Communists persons, pro-Soviets, meaning the more erudite people and more learned and fluent in Communist and Leninist doctrines, was the inequality of Soviet society and in fact of the Soviet regime. This inequality was very conspicuous.

For example, the disparities between the high clerkship and the junior clerks were quite noticeable. The higher clerkship had very good conditions and the Soviet regime took care of their clothes, food and special rights which the junior clerks lacked.

The higher clerkship from the Party and the administration were stout from over eating and the joke was that it was due to the "socialist accumulation" (An opposite terme exists in Marxist theory - "the capitalistic accumulation").

It should be noted that the clothes of the junior clerks were very humble since it was difficult for them to get suits, coats etc. in the governmental shops. They also had difficulties to get food in reasonable quantity. In addition, their knowledge and their cultural level were very low. All this made a shocking impression on the local Jews and those who were previously inclined to Communism and dreamedabout a future communist "Heaven" were especially disappointed. These pro-Communists did not see this coming. They thought that in the Soviet society, in the land of socialism, the phenomena of inequality would have disappeared.

I, for example, had a sister, Rivka, an intelligent and erudite girl, graduate of the Jewish seminar in Vilnius. She was a teacher but in Poland, this Seminar was known for most of his students being pro-Communists. The Polish regime closed down the Seminar and prior to that it was under police surveillance. Therefore, my sister was also followed by the Polish police because each graduate of the seminar was suspected by the Polish secret police as a sympathizer of Communism. My sister taught the pupils in our town in Yiddish and later on, when the Soviets came, they tried to lure her into political activity. I remember when I came home from Lwow during the summer break, I saw that my sister stopped her activity altogether. She was very disappointed by the Soviet regime. "That's not it", she said. "It's not what I had expected."

However, the Jewish youth got organized. I would like to stress that the culture of our youth, actually was not Jewish. On the arrival of the Soviets they began organizing circles of youths and drew the studying youth to the organization of Communist youth, the "Komsomol". Everybody was an adherent to this organization - Ukrainians, Jews, Polish, Russians. But there was the deterioration of the economic life of the Jews. In fact, the Jews were the first to suffer from the Soviet regime. The whole strata of the small and big shops owners was hurt. For before the war all the small and big trade was in Jewish hands. All the small factories and the the many workshops were owned by Jews and the farmers in the villages around were tightly tied economically to the Jews. Not, under the Soviet regime, this tie was disconnected. The Jews remained with no source of income. It should be noted that at first the Jews still held on. Each one had something left of the reserves and could still subsist. They were not hungry for bread. They sold fabrics, shoes and all sort of things to the Soviets who bought anything they found and paid a lot of money. The Jews had a large stock and when they sold the goods - it was natural for them to accumulate a lot of money but in that respect, the artisans suffered since they had nothing to sell. Somehow, the Jews adapted to the situation. In addition to that, they saw that the Soviet trade was not very organized for supplying the needs so there were Jews who started to deal in illegal trade, speculation - they bought things from the shops and sold them for prohibitive prices. Some of the Jews went into clerkship; some went to work in the Soviet commercial chains and the different factories. The Soviets organized a very large network of supplies and marketing. Though there were not many units in it, the clerkship and services related to that network were numerous and the Jews integrated by working in many institutes, bureaus and factories. The Soviets employed many clerks for control since they had no one to do it. We did not understand what was going on with them, why so many clerks should be employed, and why the close control was needed. Later on we learned that they stole so much time from one another that each controller had to have another one above him and bureaucracy was very large and complex. So, little by little, the whole Jewish youth got into it. They integrated because there were the conditions for it. Obviously, professionals such as the ones who had worked for my father - had no problem integrating.

The representatives of a Soviet governmental company came and started organizing the factory that was related to the forests and he started working immediately. Yet, the people who came to work in my father's factory were from Eastern Ukraine or from Russia, let him know that it was impossible to live on the salary. There was need for something else to make more money. Our people did not see how in the Soviet regime it was possible to work in an office or a factory and deal in other things on the side in order to subsist.

As for myself, as soon as the Soviets arrived, I continued my studies at the vow University. The studies were in the faculty of agriculture. Since I was not physically staying in my town, I did not see many things and did not know how the Jews managed. Yet, when I was coming home on holidays, I saw the town was dwindling. On the other hand, there were many Jewish refugees from Western and Central Poland, mostly clerks and quite erudite. They learned the Russian language fast and worked in various bureaus. The positive aspect was that the youth started to study. Those who studied and worked were the ones who wanted to study in the high schools and the government let them study. The graduates of the high schools started studying in the universities. The whole Jewish youth was flowing to study. They entered a race for studies, acquiring education, something which was impossible for years during the Polish regime. Now, under the Soviet regime, it was feasible and the dream of the Jewish youth to study different professions, which could not be acquired before, became true.

When I was coming for the summer break, everyone I met told me he was studying in High school or intended to study there or in other higher education schools. That was the situation. The youth did not usually turn to political activity but for a small part who did since the Soviets lured them into it. The Soviets had this approach that whoever went to high school, was accepted to the "Komsomol". If there were a good worker in a governmental old communal factory, then he was convinced to subscribe to the Communist Party.

I had an older brother. He was a good economist, an accountant and graduated from a business and administration high school, so he was appointed an accountant of a center of a Kolkhoz. He was a good worker. At that time he was a member of the Revisionist Movement, a "right wing" party in the Zionist movement. He, precisely was not squealed on that he was a member of an anti-Communist party. Otherwise, he would have been imprisoned but it was specifically him who was taken to all political positions and he was simply asked to present his candidacy for membership in the Communist Party. It was my sister, adversely, who held Communist views and was very active for the Communists – who got disappointed and left it all and did not want to teach in a Soviet school. It was hard to understand.

I remember a trial against a Ukrainian hooligan – there was no shortage of those in our towns – who hit a Jewish worker. He was indicted for hooliganism. He was tried but the Jew's family was poor while the bully's family bought a pair of boots as a gift for the judge and also for the prosecutor and the chief of police. That bribed judge tried, during the court audience in which 12 jurors sat, to exonerate the defendant and wanted to prove that it was an exceptional case and that the defendant should be released. My sister was summoned to to be a juror and she was the only one to vote against the judges' decision. Obviously, she was never summoned again. But this case left the Jewish youth bitter. They realized that one could buy Soviet judges with a pair of boots and to what low level the judges got – it deeply hurt the morale of the Jewish youth. So on the one hand they felt a certain emptiness and disappointment from the great ideals of equality, freedom, socialism, while on the other hand they were satisfied to be able to study and work with no discrimination.

The Jews really adapted. They learned all the combination so that they would be able to subsist and work. The clerks who came from the east, were actually those who taught the Jews how one should live under Soviet rule. That was the situation. They taught how to make illegal money on the side in addition to the low salary.

I stress this point because when I used to meet Soviets before the war and also following it, they would tell me that it were only the Jews from Western Ukraine and Poland who introduced the terms "speculation" and "profiteering" to the Soviet society, and according to them these terms had disappeared long ago from Soviet vocabulary and life in Eastern Ukraine. They tried to prove that there was a negative influence by the Jewish "petite bourgeoisie" in Western Ukraine on Soviet life after the annexation of the area to the Soviet Union. It wasn't true, of course. Insofar as the Jews were "petite bourgeoisie" in those towns, if the term was at all applicable Jews – for they were indeed small merchants but they were not speculants and profiteers as the Soviets called them. They were honest. A word given was a word given and a price given was a price given. Trade was trade and work was work. The salary was enough or not, but the Jews were honest. In that respect, they were not familiar with the terms speculation and profiteering. It came from Eastern Ukraine from the people who were raised and educated by the Soviet regime.

I went on with my studies. The Jews had a problem: it was hard to say that there was equality between the Jews and the Ukrainians in the higher education. But in our school there were two strata. Many students who came from Eastern Ukraine studied there because for them the move from the cities of Eastern Ukraine: Kiev, Kharkov, Odesa, Berditchev to Lvov – was a move to a totally different world in terms of the way of life, getting used to better conditions, a very different level, to things they never saw in their lives. Therefore, each tried to move to the Western side of Ukraine – they knew that there was a large stock of merchandise and other things in the west and, of course, they wanted to enjoy it. All that, despite the fact that they were brainwashed that in Western Ukraine people were profiteers and speculators and whatever couldn't be gotten from them they got with us: furniture, shoes, good fabrics etc. It was an unplanned and unexpected meeting for them and they were, evidently, happy it happened. They saw at our place beautiful houses furnished tastefully and differently from what they were used to in Eastern Ukraine. So many students tried to come to study in Lviv. There they were not privileged but when they came to us, it was clear that they felt so both for the knowledge of the language and for the knowledge of the Marxist method and Leninism. We were not ignorants in those studies. Though there were illegal classes – informal where the Marx and Lenin writings were taught along with others, still despite the fact we were not ignorants in those matters, we still argued. We all knew, some more, some less what it was all about and the socialist theory was not unknown to us. There were cases when the lecturer did not know some formulas in the Marxism and

Leninism doctrine and we, the students from Western Ukraine knew more than he did because we were interested, in a free manner, but we knew. The lecturer was forbidden to stray from the formal curriculum and could not express an opinion of his own - an independent one. God forbid he would change a paragraph of Lenin, Stalin or Marx. It would have been a criminal offence just as a Jew was forbidden to change a paragraph or a word from the Torah. That is why he was forbidden to give his own interpretations. They had to give the interpretations already published in formal Soviet sources. The lecturer could only repeat thing others have already prepared for him, stereotyped readymade thoughts. All this was very difficult for a student who studied even in capitalist Poland, not so democratic, to get used to those things. In Poland arguing was allowed, to express independent views. No one was afraid to say what he wanted to say. But now the situation was completely different. People were afraid because they knew it was forbidden to talk if it was contrary to the official governmental-partisan formal policy.

In the beginning group of students were organized - Polish, Ukrainians, Jews and students who came from the east, from the USSR. We found some common grounds. It should be noted that in the practice studies as well as in theoretical ones, which require scientific experience, we were better than they were. Our level was higher. Our way of life was also freer than theirs. They wanted to integrate in our lives - culture wise and interpersonal wise. The tried to adjust since life with us was freer and it appealed to them. They had not experienced that before nor knew it. In Russia, then, actually started a more liberal approach, different from the one, which existed during all the time of the tough regime. With every encounter with the people of the west - the western culture had some influence on them. Stalin's moto was: "Life has become happier, richer, more beautiful".

We were convinced to join immediately the Komsomol. It was something known. On the socialist aspect, I was "clean". My father was among the "Working Inteligentia". My grandfather too, despite being an owner of an agricultural farm since it was not a large estate, which employed lots of workers and farmers and exploited them. He was considered by them to be a Kulak (the peasants in Russia owning large estates who were persecuted and exiled to Siberia) but since his estate was divided between his sons - the estate was split and was not that large. My father was not considered a rich man. Therefore, I could join the Komsomol and they drew me into this activity. I was chairman of the students' union for a certain period. We were not given posts in the party because, as I have mentioned, persons sent from the USSR - from the east, held the important posts in the party or the Komsomol. What was absurd was that nice Jews – Jewish youths whose parents were shop owners or small merchants were socially excluded despite them being more active than me or the others. They were more knowledgeable but they were excluded and they were supposed to wait for another generation or two.

Life at the higher education school was in fact focused only on studies. The curriculum was very intensive because in addition to the professional studies - we had to study the Marxist-Leninist doctrine since without this one could not pass.

They did not want to let our western youth into the actual political life. They did not want to let us run the political life, as they saw it, we were not yet fit for this and those who led politics in the universities and education institutes were the people coming from the east who came to our place. We were just activists and aids.

The Ukrainians were reserved. A small part of the Ukrainians took part in the political life in the universities and our schools but they mainly tended to wait and see what will happen. All along, they did not believe the situation will prevail. It seems that among the Ukrainians, there were Nationalist factions which had ties with Nazi Germany and they were waiting for something to happen.

The situation also brought up many Eastern and Western Ukrainians, in many occasions to find common grounds. Those common grounds were those of the Ukranian Nationalism, which was very common also among the Eastern youth. They were afraid of publicly airing their views on that point. It was quite felt. They were afraid of talking about it openly since they knew what the consequences would be. We knew what their reservations regarding the Russian influence in the Ukraine, regarding the large number of Jews all around and on top of that - they had some unease. For example, when we would gather to elect the committee of the Ukrainian Prof-Soyuz (the workers syndicate) and the students, according to their high schools were affiliated with the professional unions that, in the future they were supposed to work in. We were affiliated with the professional union of the agricultural workers and every one who was to be elected was compelled to tell his life story as it was common among them. Each of us, in the west, had a regular story for a curriculum: father worked here, father worked there, I studied here, there etc. So it was among the Jews and also among the Ukrainians. What seemed odd to us was that those who came from Eastern Ukraine also had to tell their life story in order to be accepted anew.

We were surprised by one thing: every second or third person said that "father was taken to the institutions". We could not understand by what institution their parents were taken. Later on it turned out that the "institutions" were - the Ministry of Internal Affairs - in fact the NKVD, the security service, and about 60 percent of their parents were taken by this "institution" and did not return home. Their parent were, supposedly, from the "Kulaks" or Nationalistic class who were sent to Siberia.

Other students told that father "spent" some time and was then released. There was not one case where one of the Western students said that his father was in jail. Among us those were exceptional cases that someone was in jail as opposed to them - who told that their fathers served time for economic crimes or that politically they were not loyal to the Soviet regime. It was clear that when the parents were imprisoned and they were incarcerated in various camps in Siberia – the government confiscated all their property and took their agricultural farms from them and they remained with no means for living. In the beginning, it was very difficult for them but later on they got used to it although it depressed them and, of course, it caused them a severe shock.

So it went all along the first year of studies in Lvov. On the second year, we despaired of the low level of both the studies and the lecturers. Only the lectures who taught the exact sciences such as Math or Physics were on a good level but the Biology studies were on a very low level. They taught according to the policy of the "learned" biologist Lysenko. The new researches in the field of biology, which we came to know in Poland – were suddenly stopped. That is, a halt was put on all aspects of biology research. In addition to that, as mentioned, the level of the students who came from the east was horrific and beyond criticism. They were not developed enough. They did not read by themselves since they were afraid to read. They did not know what they were allowed to read and what was forbidden. It was only clear that they should read things that were concomitant with the governmental and partisan politics. They were still thinking in the terms, which were embedded in their head. They were told, for example, that in Poland workers has nothing to eat – they had not enough clothing, that the farmers split matches into 4 parts to save money and other stupid stuff. But this encounter with our workers and farmers was a big surprise for them. Suddenly they saw nice houses with the workers and saw that the farmers are well off with clean houses. They were convinced that everything they have been told was a blatant lie.

Their second surprise were the stories they have been told about our Jews, that the Polish beat them and abuse them, suppress them – and hence they are in such a state that they cannot talk Yiddish nor Hebrew. They couldn't know that the Jews in Poland could learn and speak Yiddish and Hebrew, also read Marx, were organized in their own unions, also studied Russian and lived in decent houses, held high positions in the fields of culture and economics, though not political positions. They did not understand that the number or Jews in the entire world reached only 16 million. When I once spoke with an eastern friend and told him that was the right number - he was surprised. "How is it there are only 16 million Jews. Only in the Ukraine there are 40 million Ukrainians and no one hears about them, and in the whole world there are just 16 million Jews and everybody talks about them. He could not grasp this. These were substantive differences between us.

The Soviet regime brought them to a state where they simply could not think independently, because they were afraid to think. If someone wanted to be successful in life, he should follow the political and partisan path. However, we were surprised from the fact that there were many nationalists among the Eastern Ukrainians or that they had an inkling of nationalism and were waiting for the right time for something to happen.

# The Nazi occupation

On June 22 1941 precisely- it was the day we concluded our exams- there was this special event in the school's sports area. Following the exams, we organized a "course" - that is how we used to call it when in fact it was a sports event and competitions. While it was conducted, the bombings suddenly started. It was at 9-10 A.M. First we thought the bombings were Red Army maneuvers or something like that but later on we learned that a war broke out.

There was panic in the city and within a few hours the government became non-existent. It totally evaporated, simply vanished as if some spellbound hand directed the course of events. There were no leaders, no managers, no principals at schools nor deans. Each one started thinking only about himself, how to to get out and flee the city along with the family. The first who ran away were those who came from the east, all sorts of senior and junior clerks, party members along with their families. They only thought of what could be collected from home in order to get out. They did not think of the city institutions or how to protect the city. They only thought what else they could buy before they got out, how to take more things and charge the cars, how to collect and amass from the west to take to the east.

The regime crumbled and vanished. Within a few hours, there was no one to talk to; the city was left with no government. We held a small meeting to consult what to do, how to behave but in fact there was already no one to talk with and whom to consult. The students from the east had already left the same day or the day after. I thought about getting back home since it was there where I left my family. I started thinking how to get home since there was no possibility to go by train. It was not possible to get there directly. Finally, we got on a vehicle, a truck. Somehow, cars still went from town to town and that is how we got to Rovne (Polish name of Ukrainian Rivne, in Russian Rovno). From Rovne I went on foot through towns and places I was familiar with and that is how I made it home.

On my way I saw that everywhere the government was already non-existent. The Ukrainians mustered courage but not so much as to hit someone or hurt them but I already saw the picture of what was about to be in the near future. I saw their happiness about their getting rid of the Soviet regime. I saw their arrogance - they said "see, what we said earlier has come true. Now we are going to rule".

When I got home it was already early July. My journey home from Lvov took about two weeks. In our town the regime was already Ukrainian-German. The army was already there as well as the representatives of the German government, S.S. troops – at that point I didn't, yet, know what that was. They said that a "Lands Kommissar" was about to arrive. Meaning a kind of local agricultural government – as they called it, and police and civil Ukrainian government. A characteristic phenomenon: all the Ukrainians, who previously belonged to the communist youth organization, said that when they were in that organization, they covertly acted against the Soviets regime in favor of the Ukrainians nationalists.

My first meeting with the "new" Ukrainians was, by chance, at my home. The forest guardian, who worked with my father, came to him in order to get the data about the forests in the area where my father managed the work force until the Germans came. Their attitude was not totally anti-Jewish. They said that they have to rule at that moment and indeed, they started erecting monuments in memoriam of the Ukrainians or victory arches in all the Ukrainian villages. When I talked with them, they answered me: what has happened, until now the Jews did not work in hard physical jobs, not in agriculture, not in cleaning, not in artisanship work for women. We will arrange working posts for you and take the Jews to works. Whoever will want to work in a village or in a factory - will work. The Ukrainians had the feeling they were carrying out a social-nationalistic revolution that there, the Jews will finally start working and they, the Ukrainians, will staff all the posts. That was the approach of the Ukrainians. When the forest guardian talked with me and my family he said: "what are you afraid of, you have been a working family all those years. One will be an agricultural engineer; one a teacher, the father of the family has been working all his life in the forests. The whole family works in agriculture; in fact, you are people who have nothing to fear. You are productive and working people and... The Ukrainians did not understand what was going on there.

It was in the beginning. Within two weeks, German institutes settled and ousted the Ukrainians from the important places and left them only as chairpersons of the local councils but took the government into their hands. The first thing they did was organize an "independent government" for the Jews. They chose some Jew who was the deputy mayor before the war and in the meantime started organizing an "open Ghetto". It was not yet an actual ghetto since the Jews remained in their places. They took some houses from the Jews for institutes but in the beginning, there probably was no such need. The Germans started organizing groups of Jews to send them for work wherever needed. That was the beginning. I did not manage to see everything because two or three weeks after we got organized, the Germans started incarcerating the Intelligentsia. It was in every town and city. I was among those who were caught. There were not many from the local Intelligentsia. In fact, I was among the few students who returned home.

They jailed us, a group of three or four Jews, a few Polish and there was one Ukrainian there because he was suspected of being a pro-communist. From our group only one Polish was executed. He had been a very important man in the Polish institutes in town before the war and what was strange was that when they called for the Polish to come out, they turned to me. For some reason they thought that the Polish they were supposed to execute was me. Indeed, his external looks was more like a Jewish one than a Polish. Later they found out I was not the Polish...

Then I managed to escape from jail in the following manner:

One of my friends, Yarmulka was his name, worked at the police station as a policeman in the German Police. The jail in which I was incarcerated was not especially guarded. It was in a garden where there was a large bathhouse, which once served the owner of the mansion. Every now and then, we were taken out to the latrines and then this friend turned to me and said: "Sasha, if you need now the latrine and won't come back, then I don't know when you will have another opportunity for this". In fact, he hinted to me that I should escape and so I did. I did not come back from the latrine. The guard was so faulty that one could escape from jail without someone noticing. I knew him from my studies at the higher education school. He was the son of a poor agriculturist.

Within the Ukrainian Intelligentsia, they also started to grasp that what was happening was not exactly to their liking – as they figured out earlier. They were disappointed. It was in the beginning of the German occupation when the Jews were not yet formally closed in the Ghetto. It was a small and forlorn place, undeveloped and the Ukrainians too started feeling the inequity from the Germans' side. They felt that the Germans were controlling them quite strongly. The guy – a Ukrainian, was a poor Nationalist who, like all Ukrainians, wanted an independent Ukraine. Still, he was close to the Jews of the area during all the years. Their farm was not far from my grandfather's and as mentioned we have been studying together for years in Lviv. So I did as he told me to. Since I knew well the surroundings, on my way I went home to part from my family and reached a Polish village called Rodnia Bobrovska. It was one of the Polish villages on the other side of the Sluch River. It was a village populated by a Polish "Shlakhta", of the old nobility and the people of which were catholics but spoke Ukrainian and some Polish.

In this village, they knew my family. My father used to work there for many years. The hardly knew me except for the people who would come to our home, despite the fact that I used to come home during the summer months. But I changed a bit. I was fair haired so they said in the neighborhood that I was a relative of one of the Polish, that I came from around Poznan from where I escaped when the war broke out. They also knew that I was the teacher of one of the kids of a Polish family who teaches well Polish, Natural Sciences and Math.

That is how I went around there. They were not looking hard for me around there. After a while, I was discovered. It happened when a group of Jews who were sent to work in the forest came there, and I also went to work in the forest and dealt with sorting wood for the industries, because I was a bit familiar with this profession. This was about the month of December and I fled in October 1941. In December we began getting news about a "message" that I was to get for "certain people". Actually, those messages were mentioned already when I was informed that the regional coordinator of the Komsomol fled and one of the political persons said, during a small meeting in Lvov, that whoever stays around should know that within a few months they will come back, and if their people should come, they will look for me and for some other people. So when I fled to Skochinsky Forest between Berezne and Lvov, there was no organized underground there. To tell the truth, it was me who organized it.

We were a small group from Berezne: I, Yosef Golub, Hilke Cohen and another Ukrainian named Vanka Schneider. He was a Ukrainian but his name was Schneider... he too was one of the leftists already before the war. We were informed in the group that we were supposed to get a message in order to meet partisans or with messengers coming from the Russian army or the Russian institutes. Obviously, we didn't get the message in Berezne but when I was in Rodnia Dobrovska, my friends Mirzyk and Golub were around. Each one was in another place but we used to meet and keep in touch all the time. Sometimes we would meet in the forest between the villages till one of the Ukrainians from another village came and said that there was a man there wearing an army uniform saying he escaped from the German prisoners' camp he was a Russian fighter who was captured and said that he knew me from the studies and was looking for me. I asked who he was and where he was and then the Ukrainian said that it was enough that I know he was looking for me and nothing more...

After two weeks, he showed up. A boy from the village of Rodnia Bobrovska and told me that there was a person around who said he fled from captivity and that entire story. We somehow met in the forest in the evening and he told me that actually, they were a group of partisans who came from the East Polesia forest in White Russia and they fought against the Germans. He added that within a month or two a partisan unit will get there. He did not tell me who the commander of that unit was. He just said they would come. In the meantime, we must not get back to the village despite the Germans' order for all the Jews to come back to their homes. Meanwhile we were instructed to try getting weapons. We took some from the foresters. Often by force. It was in December 1941.

He did not show up for three months and we did not hear from him, as if he completely vanished. So we didn't know if the story he told us was true and if he had any connection at all with the partisans but the connection between us renewed in July 1942. Until then there was no connection and we did not act in coordination. I would go around in the surrounding forests. Our village still existed then. I knew that from time time Jewish workers would come from the town to work in the forests, also Jews from other towns would come there to work, and through them we had connection with them for a while. My father also came to the forest where he worked and I would meet him but I had no other connection. I heard only from the stories that Jews who did not comply with the instructions were killed but there were no cases more serious or I did not hear about them. There were indeed a few attacks by the local Ukrainians. When a group of Ukrainians tried to enter the town, there were cases of attempted looting but on the other hand, there were Ukrainians from other villages who did not agree to hurt Jews.

I know those villages who actually were beyond the Sluch River to the east - those did not participate at all in the actions against the Jews. The Ukrainians from the villages which were close to the center of Volhynia, closer to Polesia - had their reservations from all that. The villagers touched no Jewish property, did not touch the Jews, and not even tried to enter the town to steal Jewish property. They came to the town only to trade, they sold food products and in return got clothes and other things the Jews had. But there were almost no looting attempts on the other villagers part.

Stories went that in other places in Volhynia more to the south and west and in Galicia there were such cases - robbery and looting by the villagers but in our area, as I said, almost none.

As to the Jewish community "settling the accounts" left open also after the war:

I was told that there were Jews who complained to the community's committee why was that one sent to work and why is another Jew sent to work and not their relatives. These complaints were, of course, characteristic to that situation and hard times. It could not be avoided.

There was a work camp in the town of Kostopol to which Jews were sent to work. In those days they used to abduct Jews and send them to work. Surly, no one wanted to go and tried to send others. This can be understood. I'm telling this because I came to know that after the war when they started coming to Israel, some of the Jews from our town Berezne, who survived the Holocaust, had directed complaints at the Jewish community committee of Berezne. I knew them and I deny all the complaints they raised against the committee. It is understandable that no one wanted to take the post of member of the community's institutes under the Nazi occupation out of pleasure. Each one wanted to avoid getting such a role nor want to take advantage of this status - but someone should be in the community.

In fact, in those days the main purpose was to stay alive and save the family members from death and do, each as he could, everything to fulfill that purpose. No one stayed alive at the expense of someone else. If anyone survived - he made it not because he was smarter than another person was but rather because he was more lucky than brainy and I stress the point that all the post war complaints - are pettiness. I was not connected to them; I was far from them and all these things. Yet, I knew the people and I know they were honest people, good and not criminals who can be blamed. It's not possible to talk about collaboration with the Germans. No one wanted to be the head of the community, nor its secretary nor to be in the Jewish Police in the ghetto. It is clear that if one did not obey the order of the Germans - he would have been killed. This man did not kill people but gathered them and sent them to work and if there were cases of people sent to work camps and who were killed there - it was not his fault. Jews would have also been killed in other places. There was someone who claimed that only the poor were sent to work and the rich were not, on purpose, but any member of the community had to follow the orders and as I have stressed, disobedience meant the death penalty. This is why the situation was clear. If one was of the community, he had to cooperate and it was logical since in our towns, no one was ordered by the

Germans to kill people nor to send them to death camps. They were told to send them to work camps - so in their naivete they believed they were sending them to work and nothing more. I make a point that these people should not be despised - they were not criminals and neither collaborators with the Nazis.

During the period between June and August 1942, or maybe a little earlier in April - May, the movement between Eastern Ukraine and Western Ukraine began. At our places in the west where we were, there were no Kolkhoses (Russian agricultural communes) since they did not organize, yet as such so the economic situation of the farmers was especially bad. I am not saying all of them were well though the Germans demanded from them grains, meat and all sorts of things and there were among them quite poor farmers. On the other hand, on the other side of Ukraine, the Soviet part, there were only kolkhoses. The Germans took over those Kolkhoses and they did take anything they wanted so the population there was hungry. Therefore, they would travel from East to West to get White flour, grains, wheat and other things. They would always come and buy in our villages.

In that area there still remained Polish Catholic villages. I sat once at a farmer's place where I was formally living and teaching and there I heard a story from the other side, that in the village of Olkask beyond the border all the Jews were killed and the local Ukrainians cooperated with the Germans. He said that no Jew remained in those places. They did not let anyone go out. They were Communists and did all the stealing during the collectivization.

There, in Eastern Ukraine, the first killings of Jews started, earlier than in all the other places. I understood that there, the background for the operations of killings by the Germans was somewhat already prepared. The Ukrainians hated the Jews so much because of the difficult economic situation and due to the political institutions where there were many Jews who cooperated with the Communists, and despite the fact that not all Jews were involved in this - the hatred was very deep. The Germans, so it seems, did not wait long and after a very short while, they liquidated the Jews while cooperating with the local Ukrainians. There was no help at all from the Ukrainians for the Jews who tried to escape. Yet, there were cases in Polesia, in Western Ukraine and in Lithuania where the local villagers helped the Jews, something which did not happen in Eastern Ukraine.

When the owner of the house noticed that I was listening to the conversation, he immediately stopped telling the story. I tried later to ask for more details and he told me that "first they were Communists during the Soviet regime and now they are pro Nationalists Ukrainians Unlike us, we helped the Jews from the towns who wandered around".

# In the forest with the partisans

The second meeting with the scouting delegation of the partisans was in June. At that time someone else came - a Georgian. He asked that we organized ourselves. Each one was informed separately. I was informed, then Golub and then Sulik (whose family name I forgot). We all took undercover names. I was called Shura. The Ukrainian did not come to that meeting. He stayed home. We were later brought to a Soviet camp - where a Soviet partisan unit was getting organized headed by Colonel Medvedev. It was not the unit of General Medvedev, it was Medvedev from Rovne (who later wrote a book about the partisanship of Rovne). He was a man of the Soviet secret services, of the NKVD who was sent in order to organize the Soviet partisan movement in the area of Rovne - he was not the organizer of the national partisan movement. That was an interesting group of partisans, which included Soviet secret service persons along with Polish, Communists Ukrainians, Spaniards, Jews, whose mission was to sabotage German institutes and bases. In this group, an officer participated and his mission was to try to eliminate the "Reich-Kommissar" of Ukraine, Koch, who was in fact, a German of the local Germans from the area of the Volga River. I met him. It was in the morning, after waking up form sleeping, following the first night during which I slept in their base. In the beginning, when I woke up, I had a strange feeling, a bad one and I feared that I was tricked, since I joined a group of Soviet partisans and here I was meeting a German. But I recovered immediately. He asked me how my German was. His German was excellent. He dressed exactly like a German with pistols on the right side, as the Germans used to and the conversation with him was to the point. He told me that he would act as a "mole" among the Germans. He intended to go to Rovna and tell a fictitious story that he was a German noble and that he had there a family. There was also a Ukrainian priest who was a communist but dressed as a priest and was included in the group.

In that group were elite fighters whose mission was to infiltrate to German or Ukrainian institutes and act from within.

I was added to this group. After a week, I met with other members and Golub. In the beginning, I was charged with looking for liaison persons among the local Ukrainians. My first liaison was the Ukrainian Schneider whom I have mentioned earlier. He was from Berezne and one of the nights I met him and we made the connection. We knew that the Germans would look for him. Afterward I travelled on their behalf to Rovne, Lvov and connected with one who was with the Communists while we studied at the high school in Rovne and then at the higher education in Lvov. There I found another Ukrainian. In order to have another connection in Lvov, we looked for someone additional among the leftists Communists Ukrainians. It could be that he knew about us and did not want to connect anymore and that connection endedr. After all, I was a Jew and it was dangerous for me to hang around. But they did not want to jeopardize me and at the same time were interested that I met people who knew me. During that period we stayed in the forest and I was taught how to use explosives, how to operate them and trained with weapons which were brought to us. Still, we were not included in operations, probably because the time was not yet right for that. They had to prepare and organize properly. They would pop up occasionally somewhere and carry out an operation. We did not even know what operations. A few times they took me with them to find local contacts.

In the beginning of September 1942 an envoy from the partisans came and told me that in that area Jews have already been put in closed or semi-closed Ghettos. The Germans have already started the gathering of the Jews from the small places to the central ones. They took all the Jews working in the forests and villages in the surroundings on account of the Germans. They demanded that they be gathered in the city and it was already known for what purpose they were doing this since we knew what happened in Rovna and we also knew what happened to the Jews in other cities and in Eastern Ukraine. Later I came to know that in Berezne in September - I think on the 9th - someone came and said that the day before the whole ghetto was liquidated and that in many other places the ghettoes were also wiped out.

The three of us, then, turned to the commander asking what could be done with the Jews who fled during the liquidation and are hanging around in the forests and villages in the surroundings. He said that he informed the locals that anyone who fled may join in. Among those who wandered around, a Communist Jew who fought on the Communists' side in the civil war in Spain. Anyhow, the commander was quite open to our request to help Jews. Then, two of us went for a patrol in the forests and villages and gathered a group of Jews who escapedfrom the killings in the ghettos. Others reached us by themselves and told about all the horrors they went through. The said that they dug a hole near the municipality and then they took out all the Jews in groups near the holes and shot them. Sometimes local Ukrainians also took part in the slaughter - there were those who looted the property of the Jews but  in the villages east of the Sluch river, the Ukrainians did not participate, on the contrary, all the Jews e who fled to them, were saved.

In the group that reached us were people from Korets and also Jews from Berezne. Later on Jews who fled from Rovne also came and so a large group of Jews formed. First, Medvedev was thinking how to gather join them all with the partisans since the group was quite large. In addition, there was a civil group of non-fighters, which was under the auspices of the partisans. A proposition was made to send the children and others by plane to Moscow inside Russia, which was then referred to as "the big continent". Indeed - one plane arrived and we rounded up a group of people we wanted to send to the other side of the front - among them was an elderly Jew from my town. We wanted him to tell in Russia what happened at our place. It was a light plane. It was a "Kokoroznik" (corn) as the peasants called it because of the special form of its fuselage. It landed but something went wrong. They wanted to burn it because it couldn't be operated. The commander decided that the people whom we wanted to send by plane will be sent to the north, since in the forests of Briansk in the west of Russia, so it was told, were many partisans who actually dominated them and anyone who did not have a specific duty could be transferred there.

He gathered the Jews and nominated a commander whose name was Zeid. I don't know if I should mention that name. I have quite a few objections regarding this man. He, by the way, stayed alive. At that time, I had a row with the Komisar who was antisemitic. Someone had already mentioned my name since by then no one thought I was Jewish, I did not look like a Jew, I could ride horses, I had knowledge of military subjects because anyone finishing a higher education school was also a reserve officer and I actually served my army duty. At a certain time the Komisar decided that no Jews who were in the group would take part in fighting operations but will, rather, deal with various service jobs. I opposed this policy and his approach and told him: "I am the only remnant of my family (it was after I knew that all my family was killed by the Germans) and I don't see any reason for me to fear for my life". That is why I opposed his approach that the Jews had to be guarded. Because he explained that he wanted to keep them alive. I told him that anyone who wanted to go out on fighting operations should be allowed to do so and one could not force them to work only in services.

This is why I was relieved from my duty as field intelligence officer and was sent to work in the economy part of the company, despite my protest.

I wish to note that the Jews who were sent with Zeid were in good condition, with carriages and provisions for the journey, they were given flour, meat and a number of rifles with ammunition and an order was given to pass them to the railway. One may say that the whole affair of transferring the Jews to the north was totally a humanitarian act out of supportive approach. It was not possible to keep them here because the partisans were in operations all the time and a situation where they needed to flee the place could arise. In those forests there were also groups of partisans and the Jews could live there quietly. But you could also say that they were sent to their fate.

We joined that group in 1942, maybe it was already December, anyhow it was the beginning of winter. The snow was not yet deep but it was already quite cold. The problem was that this commander, Zeid, turned to be a big disappointment. When we parted from their Soviet group, there were about a hundred Jews with us: women, children and elders and not all of them in good health and there were many mouths to feed. Even some of them could not be allotted to the force and it was clear that this walk north was a great risk and therefore the group around the commander did not want to take risks. So after three-four days those men disappeared with the food and weapons they got and left a group without weapons but with children, women and elders. We, the fighters who stayed, were very few.

# The Germans thought it was a whole battalion

A group of people who fled from the Korets ghetto reached us, among them was one named Misha Gendelman. He came with a group of eight guys from Korets and two or three girls. In fact, he first arrived to Medvedev but there he was told that our group moved north. When he arrived, we remained a small group part of which has fled. In the group, I remained, along with one, Misha Kuc, a relative who later disappeared, there was Hannan Grushka from Berezne, Golub has already left us as did Sirjik. They decided they will not go north with the group because they were related to local people. They said: if they just have to " pass" the days of the war, then it is better to move to an area they know where the local people know them.

When the group of "Diadia Misha" came, we decided that since we were left alone and hardly any people stayed with us - we would better unite and enlarge our force. We wanted to establish a group, which would operate independently. We took back the people unfit for operations, the old ones and the women who wanted to stay there. Then came the people from Berezne, Ludvipol (Sosnvoye), from Korets. Those who Medvedev gave the permission to stay somewhere in the forest where they were protected also gathered. All knew the area, the local Ukrainians, the local Polish, the farmers that part of the group left belongings there before. In our unit, which connected with the unit of the people from Korets, we concluded that we would elect a leadership. We proclaimed ourselves as a field intelligence unit behind which was moving a large force - a huge army corps, we said that this force was somewhere in the forest, in a camp and we came to gather intelligence on the enemy etc. This is how we operated for a while when in fact we were no more than ten persons. The weapons we had were standard ones taken from us when we reached the partisans. We took it back. Obviously, the people in the area where we operated did not know we were Jews and it was somewhat weird that among us there were people who did not speak Russian nor Ukrainian. We had, for example, a man called Sulyeko, one of the Jewish refugees from Poland and he spoke only Polish.

We, the local ones spoke, of course, Russian. We noticed that Misha Gendelman had the best knowledge of Russian among us - he was called "Diadia Misha" - he was also the eldest among us with the rank of captain, so we decided that he will be the commander and I, who was an intelligence officer military-wise, served as operations officer or, one may say - headquarters officer, the lead. "Diadia Misha" wrote all our pamphlets. We would distribute pamphlets in the area among the villagers. We were eight men and two women.

The members of the group were me, Misha Gendelman, Simha Gendelman (living in Holon, Israel), there was another guy named Hanan Grushfeld, Grushke or Grusha- he was native of the village of Korets, and another refugee who fled from central Poland named Marian Zeidelman (or Zeidenberg) who is now in France. The women were Dvora Keller native of Berezne and Haya Zilberberg from Berezne.

Both of them also survived. One lives in Tel-Aviv and raises her grand children and the other lives in Haifa. Actually, the girls were not with us all the time. At the end, they left us.

We operated according to forces and the opportunities we had. We could not carry out large and special operations but we could not sit on our hands and do nothing.

In our area, the large brigade of partisans of General Kolpak and the rumors about them reached us. We immediately adopted the idea and started telling stories to people that we are partisans belonging to Kolpak's unit (despite the fact we did not know them and we did not at all know who they were).

We went on operations. The first one was a demonstrative one in cooperation with the local residents. We destroyed a fish farm that the Germans have taken over. We neutralized the guards and the farmers later told the Germans that there there was a large group of partisans. Therefore, we went on. We destroyed farms of collaborators with the Germans, blew up flourmills, put up ambushes in various places the Germans would move around. We also destroyed a few army posts. From the forests guards we got maps of the area - and this is what we could do with our force, more or less. We tried to recruit more fighters. We found a Polish who belonged to a group of officers who had stayed and that we knew and forced him to move in with the partisans. Then, when the large units of the partisans got closer, we connected with them. We further found a Jewish lad from the area of Davidgrodek in Polesia who reached us on his own. Later on, he was killed in circumstances I will tell about.

So it went on until the winter. In January 1943, the Ukrainians began to be disappointed with the Germans. They started organizing in-group of Ukrainian partisans. They, as nationalists, began operating against the Germans. It made our operations easier.

When winter had set on and we where around the town of Wysotzk, when one walks in the snow, he, of course, leaves footprints. In the winter, it was impossible to move through the marshes in Polesia. One day we decided to move from the place where we were. We collected food, some fruits so we could stay for a while around Wysotzk and we actually organized so that we could stay there quietly for some weeks. We heard that many large group of partisans, soldiers or Kozaks were wandering around and could outflank us and then the situation would be really dangerous. In our area, in the forests where we were hanging around we met a Soviet partisans group. They were, in fact, Russian Army men who fled the German prisoners' camp and constituted the strong core of the Soviet partisanship in our area. Those were corrupted men -with no morality and for whom killing and murdering a human - was a game. They robbed, raped girls and for them everything was free for all. Their commander was called Sasha Mayor. He was a high ranked army man. They did not know know that we were Jews, but they knew we were partisans. There was one Jewish guy among them. We joined them, they got de facto, and formally the operational command but we saw that they were not interested at all in carrying out operations. They just wanted to pass the time, drink vodka, get girls from time to time etc. But they knew that one should escape from a prisoners' camp because they knew very well what the Germans did to the Russian prisoners. We organized ourselves, put up shifts according to the military activity but then something tragic happened. Sashka, the Jewish partisan who was sixteen years old from Davidgrodek went to to collect our food and in the middle of the mission he fell asleep. After he returned late, the Russian commander ordered to execute him and so they did. This had hurt us very deeply. We saw in that an antisemitic act. All in all, even if he fell asleep - that place was not that dangerous and second, we had the clear feeling that he had been executed because he was Jewish. Jews' lives did not matter so executing a Jew was not a big thing.

We understood that we could not go on with them and said to ourselves that on the first opportunity we would leave them and split. However, before we told them, we went out on another operation from which I have a memory of a smell that does not wear off.

Three of us went out, Misha Gendelman's son, Marian, and me in the direction of the village of Staroye Silo. When we were about twenty kilometers from that village, the smell of meat came into our nostrils. For us it was a familiar smell. We thought we found a place in which people were camping or a group of partisans. We walked quietly to find the place. Following the smell, we found the place, someone had already been there but the smell of meat did not come from the camping site. We were already familiar with all the places, the paths in the forests, the ice started melting and the smell drew us in the direction of the village. Whenever we came to that village, the dogs in the forests would detect us immediately and start barking. This village was familiar to us, despite the fact it was quite far from any German force. We discussed what to do about it. I was the commander of the group and I said that we should go straight to the village. We knew that there were isolated houses called "khutors", those were small agricultural farms, which were not within the area of the village, but in the surroundings - they were scattered in quite a large radius, in the middle of the fields, that is why they were isolated from the village. In every village, there were people who went out of it to the "Khutors". We reached one of them and when we reached it, we found that the Khutor was full of people. When we got close to them, they started to curse us: "why are you coming, it's because of you that the catastrophe happened". We asked what catastrophe, and then they told us that two days before we arrived, a large group of German SS arrived, woke up the entire village, gathered the people and told them: "since the partisans (that is, us) get food from you, we are liquidating this village and you, collect each as you can your belongings and we will transfer you to the town of Wysotsk". The people of the village began organizing and collecting all sorts of belongings and food. At the same time, another group of SS came, walking from house to house, saw what people were collecting and then shot them. Any one who could fled and the rest of the people were killed, the village priest too. It was horific. The houses were burned along with the bodies of the victims inside them. That was the smell of meat, which reached us from afar. What was strange was that in this village were about ten young men who served in the German police and we knew about it and knew their parents. It was from them that we took many things because their sons served with the Germans. Even they could not save the village people from the revenge of the SS.

We came back to the base and told what we saw and heard. We said we could already move away from those places because the snows started to melt. Then, the second execution took place. We went on a patrol since there was a report of a group reaching the area. They were, so it turned out later, General Kolpak's people but we suspected they were a gang of Kozaks. When we came back, we learned that someone else from the partisans fell asleep during guarding duty and it was Grishka, the guy from Berezne. When the second group came back before we did, he fell asleep. When he woke up he knew what would happen to him and he began to flee. One man from the Russian group went after him, overtook him and shot him. The shooter was not accused of anything because his explanation was that if the Germans had caught him, they would have extracted secrets from him.

It was then that we decided we were not going on with them and said that we were separating from them and each would go on their way. We told ourselves that they are people not to our liking nor our level. They knew we were Jewish and were not that interested in our staying with them. That is how we separated from them.

This is the point to stress that the two Jewish girls who were with us did not join us but stayed with them... maybe they thought that it would be safer with them and that they will survive there. That was their choice. Thus, there remained eight of us Jews. Actually, it has been a long time that we did not operate separately and, in the meanwhile, a rumor ran that some group of Kozaks was looking for us. We preferred to get away. Once when we came back we found signs that someone had been in our base in the forest. They took our food stock: flour, meat. Everyting, they left a note in Russian: "we thank you for the food you left us but why are you running away?". One day we were approaching some village and were informed that a group of Kozaks or partisans entered there. They made an impression, went on carriages, sledges with equipment pulled by horses. Among them were people who wore uniforms with red ribbons on their hats. We did not know who they were. Misha Gendelman's son and me went together and approached the place to the edges of the village around Vitsbek. When we got closer, we heard the conversation between them (they did not see us). One turned to the other: "Tovarish", when they gave orders and talked to each other, and one asked: "where is the Politruk (the political officer in the Soviet army)?". I understood that Soviets were there.

We approached them and said we wanted to talk with the commander so they asked which commander. We said their commander. They said they had a platoon commander, a company commander, a regiment commander... we said we wished to speak with the chief commander of the camp. They said that the whole unit commander was Suvorov. It turned out it was the partisans' brigade of General Suvorov who was the

Party's secretary in the south of Ukraine before the war. He came here from Eastern Ukraine with a group of partisans. Then he united with General Kolpak's partisans.

They brought him to talk. First, the security people asked us who we were because they heard that a local group of partisans was active there and they were looking for them but they were evasive. I told them: "all the group of commander "Diadia Misha" counts 10 men and it seems people here think that there's a partisans' division active around. Here, we are connected to the local people who help us. We distribute pamphlets and proclamations and make a lot of noise. And what we did - we did. That's all we could do".

I noticed that General Suvorov was a little disappointed but on the other hand, he accepted us warmly and said: "guys, you have done well!" The fact that we were very noisy and that the whole area knew us and talked about us impressed him... Then he told us that we would stay with them and he wanted to disperse us in different groups. "You will stay with us and I want to disperse you among all the groups in the camp... I don't want here some separate Jewish group of partisans... We will be able to help you etc... I'll inform our headquarters that the local partisans' group joined me"...

It was, in fact, the partisans group that Medvedev had sent to us before. They were quite far away from us and actually, it was the first partisans' group we have met.

# It was so easy to execute a Jew

In the meantime, we learned that in the places I had been before at Medvedev's, there were rumors that we had fled and that "Medvedev was looking for Kuc". Rumors had it that I supposedly fled with my group and did not leave with the men and if I was caught, he would send me to a martial court. Those rumors were propagated by those who fled earlier.

It should be noted that already in the beginning, one lad from Jewish group, who left Medvedev, a Jewish partisan who left gold at some Ukrainian or Polish house, went with his rifle and demanded his gold back, and got it. But they demanded that all the gold the Jews left with the locals should be returned to the partisans' command.

If that Jew intended to return the gold to the command or did not intend - was not proved. Yet, in the meantime, the group came to know that this Jew had already been executed, without checking his crimes, they did not investigate thoroughly his deeds and was not allowed to prove the opposite of what he was accused of - he was no longer alive. I stress this story to show that in those days, it was so easy to execute a Jew - some accusation was enough and they already paid for that... It was so all the time.

There were more stories I wanted to tell in that context. For example, I came to know after returning to Rovne, that Mevedev brought someone who once was, before the war, the commander of Beitar Jewish movement in Lutsk and during the Ghetto times, he was the commander of the Jewish Police in the Lutsk Ghetto. According to their Communist perception, if he was the commander of the Ghetto he must have collaborated with the Germans, so they executed him...

There was a case in which a Jew escaped from German imprisonment and managed to get to the partisans in the forests - and in their eyes, it meant that if he escaped from imprisonment, that he managed to escape - it was a sign that the Germans gave him a mission to integrate the partisans and spy for them. They did not see otherwise, that the Jewish prisoner managed to escape from the mission and fled, so he too was executed. All these things, these horrific facts prove to us that with the Jews they behaved differently. It all cumulated. When we talked about it with Suvorov, we told him that and asked him if he knew about it or not. He said to us: "yes, I heard about it". He was an honest man, quite moral. He was one of the veteran Communists in the Party. A person who could be trusted. We told him everything.

Then he answered us: "that's why I don't want to have with me a separate group of Jewish partisans". There are among us different people and among them there are also antisemites, we are not far in time following the socialist revolution and have not yet had the time to destroy the bad things in Soviet society and antisemitism which we inherited from Czarist Russia. We did not manage in the short time following the revolution to get rid of all the difficulties we have in our state, it's not that easy... We haven't had the time...". He explained where from, in his opinion, antisemitism stems from in some people. According to him, the Jews always managed better than others in the Soviet society and therefore there's hatred for Jews and occurrences where Jewish blood is free, it is natural that everyone wanted to take advantage of that...

He dispersed us among different groups in the camp and the "Diadia Misha" group was actually split and stopped existing as a separate group. He sent me to the 3<sup>rd</sup> Intelligence Battalion and I was appointed as liaison between the 3<sup>rd</sup> Battalion and our "Shtab", that is with the headquarters of Svorov's unit. He took into account that I knew the place and I also was an officer with the appropriate military knowledge. But I did not operate with them for a long time because it was decided then to move southward and divide the force into different groups. Kolpak went south - to the Carpatic Mountains and he took with him groups that were fit for various partisans' operations. He made an effort not to take Jews, because he went through Ukrainian territory and the "Ukrainians", so he explained, "are antisemitic and can't stand Jews and their showing up could awaken bad feelings, which could hurt the partisans..."

The Jewish partisans were disseminated among the local units under the command of Suvorov and they began organizing in groups that were connected to regions according to pre war political division, to regions such as Polesia, Namely Pinskers, Rovnans etc. So the began to reorganize the political life, organize an underground party, underground Komsomol and various underground groups which would operate in every town and city.

# Commander and Secretatry of the Komsomol

We were between the towns of Wysotsk and Sarniki. The town of Sarniki was fromerly a typical small Jewish town, not far from Pinsk and when the Germans were forced to leave it, I was sent to be there the local commander and the regional secretary of the underground Komsomol. A few armed soldiers were but under my order and I often had to tell the new stories about the situation on the fronts, about the advancing of the Red Army, the situation in the occupies territories, what was happening there, what the Germans were doing to the Ukrainians. We got those stories from the army. I was de facto the local military governor and I had many official authorizations.

One of the stories I told them was the one about the massacre at the village of Staroye - Silo and it made many local youths to get close to the partisans. The sons of that group which was in the village of Staroye - Silo and the "whites" of Sarniki too who were formerly related to the German Police - came to us. They were nationalist Ukrainians, nationalist Bielorussians who were then disappointed of the Germans... We accepted them within our ranks; it was Suvorov's approach to the locals, apart from exceptional cases, of course. I told them many of such stories and it affected the local population deeply.

Among them were also people of the Intelligentsia, such as Stephan Polkhovits who was with me in Sarniki. He was a kind of civil commander there and cooperated with us. At first, he was anti German but not so much pro Soviet. He was a nationalist Ukrainian or Bielorussian - they did no know how to define themselves because Polesie was a region where the residents did not know themselves who they were, Ukrainians or Bielorussians. So this Polkhovits was an anti German and it brought, seemingly, to his cooperating with us.

From Sarniki, where we stayed till the summer of 1943, we would send from time-to-time small groups of saboteurs to act against the Germans, to sabotage the railways, to bomb trains that transported German soldiers and lots of equipment to the front, to bomb bridges and hit, as hard as possible the shipments from the villagers that they had to supply the Germans such as meat, cereals etc. Namely to sabotage the tithes that the Germans would cast on the local population.

After two months, the Germans were getting close to Sarniki. We then decided to leave the town and not engage in direct battles with them. I returned then to the partisans' brigade and headquarters decided to send me to the partisans' battalion of Ludvipol men.

# In the Voroshilov Battalion

This was a group of the commander Missiura -Voroshilov Battalion, mostly comprised of Jewish partisans. It was, actually, a Jewish partisan group but the commander was not a Jew. Most of the intelligence personnel, the spying group and the maintenance men were Jewish. There was also a group of non-fighting civilians. That was in the surroundings of the village of Sboritsvietz. I was sent to that group as the political commander - the "Politruk", second in command of the battalion. I was a partisan sent from the headquarters above - I was not at my place but I was one of the first partisans in the area. They were told that a new political commander named Kuc was sent to them. There I received a unit, the fighting commander was always Ukrainian, and the professional men were mostly Jewish. The group I got was quite nice comprised of Jews who had fled from the village of Wysotsk or the area. I don't remember their names, but I remember there was one called Meir Bakalchuk who served as the writer of the annals of the war, a man well read in the headquarters of the commander Missiura. Missiura was prior to the war the commander of a militia during the Soviets and in fact was a peasant from the town of Wysotsk or Sboritsvietz and while the Soviets were in the area after the "liberation" of the territories, he was appointed as a commander of the local militia. This man, Missiura, was an honest man, a good true communist and sympathetic to the Jews. There were no Communists like him in Eastern Ukraine. He believed, heart and soul in the communist ideal as he learned from the writings of Lenin and Stalin. He was a commander loved by all and a large group of eastern and local Jews gathered around him and he guarded them. Later on came to him Polish citizens after the Ukrainians abused the Polish and murdered them.

I remained in that group until the end of 1943. Our operations were various: blowing up of trains, railways and bridges, setting up ambushes against the Germans and local policemen, we attacked German convoys, burnt down warehouses with crops intended for the Germans and sometimes we also carried out terror operations. For example: when there were holidays in Wisotsk, we would come with sub-machineguns and bazookas and shoot into the celebrating crowd in order to kill Germans' sympathizers and be killjoys. From time to time, we would attack German garrisons in towns. We once attacked the garrison of the village of Dombrovitza and destroyed there, by the way, a beer factory.

# Heading the Sappers' Unit

In July or August 1943, I was transferred from this unit to another one. It was a sappers' unit the duty of which was to operate far away from the base and hit bridges, train stations and trains which were riding to the front and transported soldiers, ammunition and heavy equipment.

It was a group whose commander was a Russian from the USSR, the supreme command of the partisans' headquarters sent me there as was the political commander sent there from the USSR. They had a large stock of vodka they took while they destroyed the beer factory in Wysotsk...

They used to drink "a little" vodka prior to an operation and eventually, because they were drunk, almost all the group was killed. There were casualties, dead and injured and hardly any of them returned. During the operation something blew up, they went through a great catastrophe, and it was then decided to refresh the unit and chose me to be the political commander of this group. There was another local commander I have forgotten the name of, he was later killed by the nationalist Ukrainians. We began reorganizing the unit. We decided it would be comprised of locals. We did not want anyone of the Russian prisoners and neither any of the guides they sent us from there. We accepted to take only one guide so that he will teach us the use of explosives. So we got organized. Our group was mixed. There were among us a few guys who formerly served in the German Police and then fled from there and came to us. There were also a few guys from the town of Sarniki and some from Stroya-Silo who came to know the Germans killed their parents.

On of them, so I remember, came to me to confess... He knew I was Jewish and not only him, they all knew I was Jewish. I was actually the only Jew in this unit. One day he came to me following a successful operation and told me: "It's been a long time that I wanted to talk with you, to tell you that I did not kill any Jew with my own hands, I did not kill even one Jew, I admit I stole, robbed, took from Jews things I needed. I will have you know that all these years before the war we lived so poorly that each pair of shoes, each dress, was a dream for us and suddenly it was possible to take anything we wanted. I confess we could not resist the temptation and took... I didn't resist the temptation...". This man was so open and held nothing from me. All that while he stressed that he did not kill Jews, he didn't spill Jewish blood... Not one Jew did he kill... It seemed to me to be so true a confession that it could be believed.

As I mentioned, this group was reorganized and then we started operating. Even before that I received an excellence decoration from the division commander general Biegma - the No.1 decoration of the Partisans' war. After that, I received another decoration, a higher one, following a successful operation, the "Red Flag" decoration. I should have, according to my achievements, gotten the title "Hero of the USSR" but an extremely antisemitic Political Komissar who could not stand a successful Jew and hinted to me that it would be easier if I give up on my Jewish identity... I did not accept.

I had been with this group until the end of the war. Our group had carried out sabotage operations. We operated against the Nazi enemy, hitting most sensitive spots, blew up trains with equipment and soldiers riding to the front, destroyed shipments of crop and meat intended for the Germans, burnt and blew up bridges, railways all along the route and in addition we were an underground group operating within the local population. The Ukrainian nationalists fought, apparently, against the Germans but, in fact, were equipped by them. They attacked twice a Jewish camp and famillies of partisans and killed many victims. They attacked villages where the children of the partisans were left and Polish villages.

# Believing in the "Jewish Head"

As a commander, I could see that it was specifically the local Ukrainians who fought exceptionally. They never considered the danger. We had a good relationship and therefore they trusted me, I did not allow them to drink vodka. They blatantly said: "We believe in the 'Jewish Head'. He will not let us do stupid things only for making an impression..."

I impressed them in that way after an incident when we went on an important and dangerous operation of blowing up bridges in the area. We approached a place where the river Horyn confluenced with the Prypec around Pinsk. We received an order to destroy the bridges on the river.

We reached one of these bridges. I felt that no one would get out of that operation alive. The topographic state was not that good and comfortable for carrying this operation. My opinion was that we should not go out on this mission, because of its great risk. I did not recommend carrying out an operation, which might end in a total fiasco, not even if I was promised for such a one the title of "Hero of the USSR" on the spot. I was sure that had I given the order as I was expected to, everyone would have been killed. I decided that I needed another week to check the area and find a way to get to the target.

We patrolled the surroundings and finally I found a way to get to the target. We found a path, which took us to three main pillars, which we could sabotage and blow up. It was not possible to blow up the whole bridge, we would not have succeeded but we did sabotage one of the main pillars and it was sufficient and the result was that the supply from that area to the Germans in the front was immediately halted. It should be stressed that it was at the time that the first Bielorussian front was advancing westward and it turned out the operation was very successful and vital and aided a lot the red army's advance to the west...

The whole operation was a success. I returned to the base with all the men safe and sound. None was killed, none injured and I just said to myself: "That's it, I will not be promoted"...

By the way, it took me sometime to notice that in the nights, in the middle of the forest they arranged to sleep around me in a circle, since they feared not only the Nazis but mainly that some antisemitic might want to hurt a Jew...

Then we started moving south and west. When we started southward, we learned that many guys who were with us in the Jewish group stayed in the Berezne forest in the area where

Medvedev stayed. I met some of the survivors from my town, Berezne, and later we had a meeting at the airport in Danilovichi, in east Byelorussia, in fact in east Polesia where we were supposed to get lots of weapons and ammunition because the front was already advancing. Indeed, we got the weapons and it is there that I also met the original group of Medevedev's men. In that meeting I was told that they looked for me, that rumors were spread that I took with me my signal operator who was my butler. I rode to the Medvedev's headquarters. He had already heard about me from the the sappers' unit commander. He also told me that the group that planned to kill the Reich's Komissar, Koch, did not succeed. He was killed later in Lvov, he had also told me about other operations they carried out. He stressed that although the unit did not succeed in killing Koch, there was another group, which killed the head of the Ukrainian Court which seated in Rovne.

I got back to my unit.

# The last operations up to the victory

At that time, we were already operating as a separate partisan division of the Rovne region. They sent us the regional secretary of the party, Fyodorov who received the rank of general. He was quite far from being a real general because he was not a proper army person and did not get any proper professional military training. Yet, he was very popular among the party leaders and appreciated his activity as organizer and commander of partisans. He waited impatiently for the day he would come back to Rovne and get his previous post before the war and in the meantime, he started organizing his private life.

We began extending our operations. We had weapons, we got them but we did not see the locals from Polesia streaming to us and joining our ranks. Therefore, we decided to recruit people by force. For example, my group went once to a certain village and on that day, there was a wedding. Many people gathered, drank and danced as if there was no war. We approached them and said: "Guys, we are short of personnel, if someone opposes -

we'll take him by force". The situation then was more comfortable since we were in control of a very large area but the front was getting near us. From those who did not come with us we took clothes and wore them, we got boots, shoes and we took those who came with us back to the base.

The operations went on. We waited for orders, which train to blow up, and which line to sabotage and which railways and bridges. We would enter train stations, put explosives, activate the fuse with a regular string, light and count until the fire reached the explosive charge and then quickly withdraw far away and wait until we heard the explosion. Then we either stayed in the forest to watch the result of the explosion or got back to base and wait until the morrow for news about the blow up.

But the Germans got smart. They would send empty wagons before sending the train itself or they would send wagons with stones and should the partisans blow up a train, the explosion would have not caused real damage. Therefore, we looked for other tricks and changed tactics according to the circumstances. We would tie a long string, which was not seen among the bushes, and wait until the trial wagons of theirs would pass and then, when the real train arrived, we would pull the string and then the charge would explode and hit the train and the damage would be great. But the Germans looked for more ruses and tried all sorts of things. One of them was to cut down two hundred meters of trees in the forest on both sides of the track, that way it was possible to see from far away if people approached the rails. Then it was dangerous to get close because the Germans would immediately open full fire on all sides and it made it very hard to execute the explosions on the railway and the trains and it hurt our sabotage operations...

Therefore, we tried other ways in order to succeed. We did this through women signalers who would disguise as wood merchants. They would put explosive charges in the coal on the wagons and after a while of riding, the explosives would blow up and cause a lot of damage to the Germans. That way we learned and improved the techniques of the blow up, we calculated at what weight the charge would blow and at what weight it would not.

Then we were forced to conduct battles against the Ukrainians who raided our camp near the town of Stritsvitche, when we went on operations. They attacked the civil camp. In that camp they killed Polkhovitch's wife and a number of Jews. This is why we decided to act against them. It was very hard to locate them because they wore a red stripe to look like the Soviet partisans. Suddenly they started believing for some reason that it would be the Americans who will get to Western Ukraine and then they began looking feverishly for Jews in hiding and promised to protect them. They called those Jews to come to them so that they would protect them. There were also Jews who took advantage of those promises and it made it difficult for us to act since on the one hand we knew that they were supposedly not hurting the Jews while on the other hand they had attacked our partisans... a problematic complication arose...

Once we got to a village around the town of Stepan a little to the south of Polesia. We heard there how the Ukrainians destroyed a whole village, killed all the Polish in the village, not leaving even women and children - they were all killed by axes, abused before their death.

We knew they had a mission to kill all the Polish population around after the Jewish population had already been completely eradicated. These Ukrainian murderers went from village to village where there were Polish and slaughtered them with axes since they had no weapons and ammunition.So they used all the means they had to kill as many Polish as possible. The hatred of the Polish was deep and therefore their reactions were cruel. And since they killed people with axes they were called "Siekierniks" (from the Ukrainian word Siekiera - axe). It was a real horror, which cannot be described in words. After all the horrors and events we had gone through we could not imagine such a state where the local Ukrainians would stoop so low. I want to stress that the Ukrainians did not act then on German orders, it was their own initiative and they killed as many Polish and Jews...

It was then that partisan groups of those who fled began to organize. For example, that Polish I once met, and who hid with us in the forests became a famous partisan in the renewing Poland.

We acted independently. Our last operation was in April or May 1944 when the whole group acted in Wolhynia and we were called to advance on the city of Rovne because the Red Army was approaching in giant steps toward Rovne. We had already heard that large forces of the Red Army were in the gateway of Rovne. We received an order to hit a German train on which there were many soldiers and SS men who left Rovne in the direction of Lutzk with all their headquarters men and all the families and furniture they carried with them.

Following some preparations, we managed to blow this train with all its passengers and their equipment. Many Germans holding local musical instruments they carried with them such as guitars, balalaikas and mandolins, were hit in the explosion. Everything flew in the air from the explosions... It was a rare and unforgettable sight. It can be assumed that most probably there were hardly any survivors from this train.

Two days later, when we could send men there to check the situation, I was told that they went over the places with half-tracks and tractors to cover the many corpses of Germans that were spread all over the large area of the explosion. The blood and bones of the dead had to be covered so that no signs would be left. The explosive charge was quite large because there were always guards on the stock of explosives but we knew that this might be our last and final operation prior to the liberation.

The Germans' guard was inadequate so that we could operate more freely and get as close as possible to the target and blow up the train. Operation wise it was easier to carry out the mission.

# Back to Rovne and Lvov

Having executed this operation successfully, we were ordered to move to Rovne. Our whole battalion approached Rovne, we were bringing up the rear. In the forests we met with a group of Ukrainian partisans who fled and we did not know who they were. By the time we checked who they were they had already fled. But we managed to get close to them almost face to face, we were able to shoot a few times and they quickly slipped away. We learned later that it was a group of Ukrainian nationalist partisans because we found some pamphlets of theirs, which they distributed among the local Ukrainians. It was the first time I laid my hands on the tracts signed in Ukrainian by: "The Uprising Ukrainian Army". I read those booklets. They were typical nationalist Ukrainian booklets in that time's wording. I was not surprised. I knew them and knew about the aspirations of the nationalist Ukrainians...

We quickly approached Rovne. It was already in April 1944. In the gateways to the city, they did not prepare for battle because the Germans fled the city. They left it before the Red Army freed it so that when we entered Rovne we were quite a large force of partisans. Then I learned that my native town, Berezne was freed and all my surroundings was already clean of Germans.

In Rovne we immediately contacted all the "Shtabs" of the partisans and waited for the Red Army. Sure enough, the army entered Rovne two or three days later, cleaned the area from the enemy and in that surroundings the front halted for a certain time between Rovne and Lutsk. Then there was a selection among the partisans. Actually, the partisans' movement was liquidated following the freeing of Rovne, namely all the units were dismantled according to an order from the partisans' headquarters. One group joined the Red Army; the commanders thought to be fit for reorganizing the new local government were left there. They were nominated for posts in the local government and in the Party. We, the partisans, got key administrative posts.

Most of the Jewish group's guys were sent forward to the Red Army such as Diadia Misha and his son Simkha who were among them. I was not enlisted to the army and they left me to work in Rovne.

At first, I got a job to find and build the technical archives, which were needed to organize life as it used to be. It was not a job I could really by useful at. With all my qualifications, for, after all I was an Agronomy Engineer and I could work in my profession, but I was needed by them and they wanted to give me a job with responsibility since I had been a partisan, they trusted me and in addition I was a member of the Communist Party. Members of the Party were given responsible jobs and sure enough I accepted the job I was offered and remained in Rovne to work. I met with a few Jews, the remnants of the Holocaust. I understood that they didn't want to stay in Russia and wanted to go back to Poland. Before that I came to know about two Jewish girls, Miriam and Batia Shwartzman, sisters from the town of Tuchin, who hid in a village close by. They took part in the Tuchin ghetto uprising headed by their father, Guetzl where all their family was killed while they succeeded in escaping. I sent one of my soldiers on a horse to bring them. The elder, Miryam, who helped us identify the collaborators with the Nazis, became later my wife. We got married in Jewish ceremony in Lodz, Poland already in 1945.

In Rovne I worked from the summer of 1944 till the beginning of 1945 when I was transferred to Lviv. I was there for a certain period to do the same job I had in Rovne. The Red Army entered Lviv in June 1944 and in July I entered with my unit. The department where I worked was part of the Ministry of interior that is of the security service, The NKVD. In Lvov the NKVD had many branches and mine had to deal with organizing the civil life in the liberated areas. We had, as mentioned, to search for and reconstruct technical and civil archives needed to organize the institutions and civil life.

# Poland- and to Israel

I stayed in Russia until June 1945. At that time the agreement between the government of Poland and USSR on the repatriation of former citizens of Poland back to Poland (it was about citizens who lived in Poland prior to the September 17 1939). I submitted a request to go back to Poland according to the repatriation agreement. After a while I was surprised to get a permission to go to Poland but on the last day, it was on May 9th 1945, I was urgently summoned to the party center in Rovna and was told to present myself immediately. Of course, I did and they asked for my passport, the document with which I could go to Poland. They asked me what happened: "Why do you want to leave the USSR and go to Poland?". I told them I submitted a request and that I got the permission. Then, the second secretary of the party who was responsible for matters of maintenance and economics asked me again for the reason, what is it, what happened? Again the same queations. He showed me an order that I had to travel to Berlin. He explained to me that the Red Army defeated Nazi Germany: "Our army has entered Berlin and we are looking for people who speak German to search for

certificates and technical documents and various researches"...
He was astonished at my decision to leave the USSR and could
not understand it. "What do you want to go to Poland for - to this
"Poland of the '*Pans*'"

I told him I was going to socialist Poland and that I was an
ex citizen of Poland and that I had the permission to go according
to the repatriation agreement. Then he asked again: "What kind
of Polish are you? You are Jewish, aren't you, not Polish, what
ties you to Poland?". I answered him: "Yes, I am Jewish, not
Polish but I am an ex citizen of Poland and according to this
agreement, Jews also have the right to go to Poland, we are not
Russian, and not Ukrainians but we are connected to the Polish
people". He understood that but of course he wanted to convince
me to stay in the USSR, but I had made my decision and couldn't
change my mind.

In private conversations betweenJews, Holocaust
survivors, we talked about what we could do in Poland and in
private conversations with friends we said that what we can do
here as Jews, we might do better in Poland. We were
Communists, a former Communist underground in Poland or
ideological Communists. We thought that in Poland there could
be something better, according to our expectations, more
organized, and if we were to start anew, better do it on a better
basis since we thought that it was not the system that was
responsible nor the ideology but rather that the Russians and the

Ukrainians did not know how to do it and that the situation in Poland would be better, more comfortable and adequate and we would organize things there in a more efficient way...

Therefore my answer was: "It is too late now". I understood that even if I had given up then on my trip to Poland - they would not trust me anymore. I knew them; they have a very good long-term memory... No doubt, I could have paid dearly for that. Still, they offered me to cancel all my preparations for going to Poland and stay. But I didn't believe them, I didn't want to take that risk and that was it.

I went to Poland where I stayed from 1945 until 1957. I arrived to Lodz by train and as a member of the Party I immediately presented myself at the Party secretariat and got an office and and order to start working. I was sent to a unit that had to organize the industry. In the office I was told that I'll be the deputy director of the industrial sector in the Ministry of Defense. I did not know what it was, what my job would be, I was only told: you have to contact plants and factories in Lodz and organize the work there. The director of that unit was also a Jewish engineer.

After a month or two of work, I saw that it was not for me. The place was not to my liking because it was de facto the Ministry of Defense and all my life I had not thought nor aspired to work in such a place... Once, there was the case when the workers organized a strike. So they came to us and told us that we had to squash that strike which was antigovernmental, anti Party and that the strike was, in fact, an expression of opposing the regime. I met with the "big shots" who were then in Lodz and told them: "Are we, who are somehow connected to the work movement, going to suppress the workers, go against the workers?". The problem of the workers was that they wanted to demonstrate against the fact that their salary was very low and in addition the supplies they got did not allow them to live... They, of course, did not like what I said and told me: "It's not your job to arrange for food for the workers. There is an order, go organize this". Therefore, I asked them, those in charge: "How do I organize such a thing? I can't..."

I submitted a request to be relieved of my duty but I was released only four months later as "unfit for work in the security services". At first I had some troubles, they did not want to give me another post and the reason was: the party sent you on a responsible and honorable job according to your skills, you are an engineer and an army man and we are sending you to a place where you are needed and suddenly you say you want to leave your job? You should have come to us, explain your reasons, we may have helped overcome your difficulties etc...

My answer was: "When people come to me arguing what they do and I see that they are right, then I, with my character, am not fit for that job... When workers would come to me and I had to carry out an inspection, I condoned their acts. I understood their difficulties in their work. No suitable materials, no working tools and no possibility to work regularly. But they always looked for the guilty and always suspected: maybe there was an underground organized against the regime, against the Party. They knew that many elements, hostile to the socialist regime remained in Poland and therefore their susceptibility was great. They suspected that people wanted to sabotage the industry, to pull diversions against the government etc; and I told them: "Gentlemen, I may not be fit for this function and if you want to be convinced and see that the people are connected to foreign enemy forces and I can't find the culprits, then maybe I am not able to see this"... They apparently accepted this and released me from the job in the security services. But still they did not expel me from the Party, did not throw me out, but I was stigmatized as not compliant enough...

Then I was transferred to a center in the building industry there in Lodz. they had to gather wood for the forests industries. I accepted this department and worked in administrative posts for about a year. They transferred me then to a post related to building warehouses for the textile industry. In Lodz there was a large industrial textile center and it is known that Lodz is historically a city of the textile industry and there was a need to build large warehouses. That is why it was necessary to find some organizing and warehouse building expert since everything was destroyed and the supply of wood was also related to that as was the building of villages. I moved to work in the textile industry center as the director of the development bureau and worked in that capacity for about a year. A year passed and since I was successful in my job and function I was appointed as vice director general of the textile center in Poland which was seated in Lodz.

I worked there until 1951. At that time, a trend started in Poland where people were to return to their professions and since I was quite famous, one of the papers wrote about me: what good is there that an agronomist, a forester, deals with building warehouses and textile selling trades, which are not his profession instead of working in his trade. A satirical Polish poet in Warsaw wrote a critique in rhyme about that instead of dealing in forestry or agriculture - "Shura (that was my name in the underground) builds us sky scrapers instead of dealing with land and not the sky". At that time I built in Lodz the center of textile industry - a multi floored building, the first in Lodz and in fact in the whole or Poland after the war). Following this critique, I was summoned to the Party's center and was offered two options: either send me as a commercial attaché to Turkey or let me work in my profession, forestry.

Working in forestry in those times was dangerous. Especially for a Jew. In Poland you could still find Polish nationalist people and groups opposing the regime. They stayed a lot in the forests and raided army personnel and clerks and killed them. In addition, most of the Polish citizens would help them, they had many supporters and they were connected to them. That is how it was during the war and so was the case following the war. They also killed Jews whom they perceived as the representatives of the Communist regime hated by them.

My wife and acquaintances advised me not to accept this job. I turned down the offers and told them that I am not able to work in those jobs. So they offered me a diplomatic function, commercial attaché of Poland in Turkey. I did not want this job either because I knew that immediately following my acceptance of the diplomatic function; the security services would start investigating my past. Truth is, I was an activist in the Zionist movement already before the war, I planted trees for the Jewish National Fund in the Land of Israel. In addition, in 1948 a rumor spread that it was possible to submit a request to go to Israel after the state was established.

My son, named after his maternal grandfather and after my father, in Polish Eugeniusz (instead of Getzl), Jozef, and in Israel chose for himself the name Gideon, was born in Lodz in July 1948 and we told ourselves, my wife and I, that he already had a state...

Even before that there was a group of army people, Jewish officers who wanted to go legally and join the IDF (Israeli Defense Forces, the formal name of the Israeli army). They said that all their documents were destroyed and were told "it's not relevant". But in 1948 they said it was legal to go. Although I was a senior clerk in a responsible function, I submitted then a request and got negative responses three times. They refused to let me go out of Poland. I did not agree and wrote that I had a family in Argentina (two of my brothers went there before the war) and I wanted to meet my family etc. I claimed that I was a communist and that in Israel I could be a communist loyal to Socialism and Communism.

They did not buy all my "stories", of course and refused to let me out of Poland. I got a definite negative answer. It should be noted that all the Jews who submitted requests to go to Israel got negative answers and not just me. We were not allowed out of Poland. So it was clear that this was registered somewhere in the security services. They did not take steps against me all that time and let me work with no trouble. But the moment I was offered a diplomatic function I had, of course, the basis to be weary and refused to accept that job because I knew they would start poking in my documents and would surely find my request to go to Israel and this could end badly for me. I was lucky that the human resources manager in the textile center was not Jewish. He was a Polish, long time communist who understood me and he didn't make a big fuss when I submitted then my request to go to Israel. He told me blatantly: "look, you can't stay in this place anymore, everybody knows you and each other, and also know that you submitted a request to go to Israel, despite the fact that it's not urgent for me and I don't pass it on to where I should, but if you insist that you want to go abroad they will, obviously, poke into your papers and then they will note that you are not so "kosher". So it is recommendable that you transfer to another job at another place"... It so happened that one who had been working for many years in Lublin was located and came to Lodz to replace me, one named Brzezovsky. He was the head of unit and responsible for the textile center in Lublin. He was accepted for the post instead of me. He was also Jewish and he too came to Israel but he died along with his wife in an airplane (the one which blew up mysteriously in Switzerland. He has a daughter in Israel).

Then I was transferred to a senior function in the capital, Warsaw. My wife was sent to work in the center of the Ministry of External Commerce and I got the job of General Director of the Planning Center of the food industry. I was at that job for about a year or a year and a half. I also was on the general management staff. Later on they wanted to develop the milk industry in Poland and I was a professional in that field, of course. So I moved and became the vice General Director of the Center of the Milk Industry and General Director of the National Animal BreedingCenter. These were large governmental offices and during the last two years I stayed in Poland I was the manager of the department of development in the Ministry of Milk and Meat Industry (yes, there was such a ministry in Poland), where I worked until I submitted a request to go to Israel. I got the permission to go to Israel. It is important for me to note that I worked until almost the last moment. I stopped working maybe two months before coming to Israel so that they will not put me in any difficulties but I went on getting my salary. In 1957, I arrived to Israel along with my family.

אלכסנדר קוץ


שורה


עדות מלחמה

העדות שעליה מבוסס הטקסט ניתנה בתחקיר של

**יד ושם**

יד ושם
YAD VASHEM

ומתועדת בארכיון

**בית לוחמי הגטאות**

בית לוחמי הגטאות

אלכסנדר קוץ

שורה

עדות מלחמה

Editions Suger

Suger Press

Alexander Kouts

Shoura : Témoignage de guerre

Shura : Testimony of War

Editions Suger/Suger Press

Université de Paris VIII

2 rue de la Liberté, 93526 Saint Denis, France

ISBN 978-2-912590-56-5

Imprimé en France 2022

עיצוב העטיפה : יהודית אייל

# ראשי הפרקים

אלכסנדר קוץ – Aleksander Kuc (1919, ברזנה – 2005 , תל-אביב) ובשמו העברי: ישעיהו (שעיה). בן חמישי בין תשעת הילדים במשפחתו. לוחם בנאצים ביערות אוקראינה, איש ציבור ומהנדס אגרונום מבוני התעשייה הפרמצבטית בישראל. העדות המתפרסמת כאן ניתנה, אחרי עלייתו ארצה ב1957, ל״יד ושם״ ושמורה ב״בית לוחמי הגטאות״. ונוספו לה פרטים ספורים על פי דברים שאמר אחר כך בעל פה. היא כוללת תיאור וניתוח של המצב באוקראינה ובקהילות היהודיות, לפני פלישת גרמניה הנאצית ביוני 1942- התקופה הפולנית ותקופת השלטון הסובייטי. עקרה , דרכו כלוחם בנאצים- תחילה כפרטיזן עצמאי ואחר- כך כמפקד יחידות מובחרות של הפרטיזנים הסובייטים. לבסוף, בקצרה, המעבר לפולין, שם מילא תפקידים בכירים במגזר הציבורי לפני שעלה לישראל.

העדות מובאת כפי שסופרה וכלשונה, בעברית המשובחת שאותה רכש בבתי הספר של ״תרבות״. היא מצטיינת בראייה היסטורית של התקופה, מנקודת המבט של מי שחווה אותה בשטח, ולכן כוללת הארה מקורית לכמה מנושאי המפתח להבנתה. למרות השתייכותו במהלך תקופה זו וזמן מה אחריה לתנועה ולמפלגה הקומוניסטית, ניכר, לכל אורך העדות, בצד ההערכה על הישגיה ועמידתה מול המרצח הנאצי, גם המבט הביקורתי והמפוכח כלפיה. וכפי שהיה חזק ונחרץ בשדה הקרב, כך גם ידע לעמוד מול תופעות שליליות בצד ״שלו״, כמו עיוות והחנקת הדמוקרטיה, אנטישמיות בוטה ולא פעם קטלנית במהלך הלחימה עצמה, או דיכוי מעמד הפועלים בפולין אחריה.

אבל ההומניזם שלו ואמונתו באדם ניכרים בכל שורה. גם ערך העבודה הוא
עבורו מרכזי וחיוני לקיומו בכבוד של האדם, בימי המלחמה שבהם היה צריך
להוכיח שאתה "מועיל" כדי לשמור על חייך, ובימים כתיקונם. הוא טורח
אפילו להדגיש שגם בהמתנה לעלייתו ארצה, הוא עבד כל עוד היה אפשר...

"שורה", הכינוי שהודבק לו במחתרת, ושאותו העדיף שלא לשמור
אחריה, הוא איש צעיר שמדגיש לכל אורך הדרך את יהדותו הגאה והמשתתפת
באסון הכבד של עמו, ומסרב לסגת ממנה, גם אם זה עולה לו, למשל, בעיטור
הגבוה ביותר בנוסף לכל אותות ההוקרה שבהם זכה במהלך הלחימה ואחריה.
הסיפור, או בעצם הדיווח שלו, מצטיין בדיוק בפרטים, המובאים בתמציתיות
שאותה כפתה המסגרת, בלי סנטימנטים שאין להם מקום במערכה ובלי ניסיון
לרומנטיזציה, בקור רוח ובמיוחד – בצניעות, שנראית לפרקים מוגזמת.
עלילות ומעשים, שיכולים לשמש לתסריט מרתק ומנופח, מופשטים מן
"הצבע", ההרואיות והתהילה. בפיו התיאור הוא פרוזאי ככל שניתן, הדגש
הוא על השכל והתכנון תחילה- "בתחבולות תעשה לך מלחמה". אקדמאי
ואיש פוליטי מוסרי בשדה הקרב. אבל גם אדם אופטימי, אוהב חיים. איש חזק
ושרירי, אך גם אינטלקטואל ורגיש. נאמן למשפחתו ולמדינת ישראל. מודל
לדורות במבחנים שלא פסקו ושעוד יבואו.

עדותו מתפרסמת גם לזכרם של בני משפחתו, אמו חנה, אביו יצחק
יוסף, אחיותיו רבקה, חיה, דבורה ודבוסיה, ואחיו מיכאל וחיים שנספו בשואה
(אחיו משה ויעקב הצליחו לצאת לפני המלחמה לארגנטינה). "לא הייתי
הטוב, החכם או המוצלח שבהם", הוא נהג לומר, "אבל דווקא אני נשארתי
בחיים".

\* \* \*

# ברזנה

אני יליד ברזנה, עיירה קטנה בפלך ווהלין, שהיתה למעשה עיירה יהודית. העיירה היתה מרוחקת כ-20 ק"מ בערך מתחנת הרכבת הקרובה. ומעבר לנהר סלוץ' התחילו היערות הגדולים שהיו כבר חלק מיערות פולסיה ברוסיה הלבנה. בעיירה התגוררו בערך כ-3500 עד 4000 יהודים. ומסביב לה בפרברים היו כמה שכונות של נוצרים כפריים, חקלאים. ביחד אתם העיירה מנתה 7000 תושבים וזה העניק לה סטטוס של עיר בפולין. ברזנה היתה שייכת לנפת קוסטופול. היא לא היתה בהרבה קטנה מקוסטופול, אולם מבחינה אדמיניסטרטיבית השתייכה לה.

זו היתה עיירה די ותיקה ונבנתה, כנראה, כיוזמת בעל אחוזה בשם מלינסקי. נראה שהוא רצה לפתח את האחוזה שלו ולכן ארגן בסביבה התישבות יהודית של סוחרים ובעלי מלאכה. אחר כך הוא בנה בית כנסת מפואר גדול, ובית עבור הרבי שהיה אדמו"ר של חסידים, בנה שוק מודרני — גם במושגים של היום -עם חנויות רבות וזה היה כבר בתחילת המאה ה-18.

התפתחות העיירה נעצרה לאחר מלחמת העולם השניה. למעשה היא לא היתה רחוקה כל כך מהגבול וכבר ממזרח לה נפרסו כפרים שעמם לא היה לה כל קשר, וכך לא נוצר קשר עם החלק המזרחי של ווהלין. שנמצא בדרך בין פולסיה ואוקראינה.

העיירה היתה אפוא מרוחקת מכל המרכזים, אך למעשה היתה קשורה עם העיירות מסביב וזאת מכמה סיבות. בראש ובראשונה מבחינה כלכלית.

היא היתה מרכז של תעשיית העץ. היו שם גם שתי מנסרות לעצים, ובסביבה בית חרושת ליערנות שהיה נדיר במקומות האלה.

רוב היהודים עסקו במסחר זעיר וקבלו אספקה מהכפריים. היתה גם שכבה גדולה מאוד של בעלי מלאכה. הם שרתו למעשה את כל הסביבה. זו היתה עיירה יהודית טיפוסית ששרתה את המחוז הכפרי שמסביבה.

כמה דברים היו טיפוסיים לברזנה. העיירה התרכזה סביב שלוש משפחות. היתה השושלת של פיצ׳ניק ושל שתי משפחות ממשפחת טויבמן - שהתפלגה לשניים.

אנשי העיירה לא היו ברובם חסידים, אך השפעת האדמ׳ורים ניכרה בכל הסביבה.

ברזנה היתה ערה מבחינת החיים היהודיים. היה לה דיין, היו מוסדות קהילתיים כמו בנק יהודי להלוואות וחסדים, כמה בתי כנסת שהיו מחולקים, חוץ מבית הכנסת הגדול, בין בעלי המקצועות השונים, למשל לסוחרים, לנגרים, לבעלי המלאכה. עם 4000 תושבים יהודיים -זה היה משהו מיוחד. היה שם גם בית ספר דתי ובית ספר שבו למדו יידיש.

העיירה היתה ערה גם מבחינת החיים הפוליטיים. היו אצלנו סניפים של תנועות הנוער השונות: החלוץ, השומר הצעיר, בית״ר. כמובן ,עם כל הויכוחים וריבוי הדעות בעקר במהלך הבחירות לקונגרס הציוני. כולם היו מעורבים.

דבר טיפוסי נוסף לעיירה שלנו היתה הדמוקרטיה. כידוע, היה בעיירות המזרח ריבוד בין השכבות החברתיות של הסוחרים ובעלי המלאכה, בין בעלי הייחוס והבלתי מיוחסים. הורגשו ההבדלים ביניהם. אצלנו לא היתה הפרדה כזאת. לא היה הבדל תרבותי וחברתי. או שלא היה בולט כמו בעיירות אחרות, אולי משום שרבים למדו וקראו, שאלו ספרים בספריה, שמעו הרצאות והיו אנשים משכילים.

מצב זה נמשך עד פרוץ המלחמה. כבר לפני המלחמה המצב הכלכלי הורע כמו בכל פולין, שבה היה מצב מתוח וליהודים היו הגבלות מיוחדות בגלל הגבול הקרוב.

מבחינה כלכלית מצב משפחתנו היה טוב. השתייכנו למעמד המכובד. לסבא שלי היתה אחוזה קטנה וילדיו המשיכו את המסורת החקלאית. אולם אבי רצה שילדיו יחיו בעיר ולכן עזב את הכפר.

אני עצמי, גמרתי את ביה"ס "תרבות" והמשכתי בלימודים גבוהים באוניברסיטה בלבוב במגמה לחקלאות. בדרך כלל ליהודים היה מאוד קשה להתקבל לבית ספר חקלאי גבוה, כשם שהיה קשה להתקבל לכל בית ספר גבוה אחר. אולם התלמידים שבאו ממשפחות חקלאים התקבלו מכיוון שלא היה שום תירוץ להגביל אותם ולהקשות עליהם. ומכיוון שאני הייתי בן למשפחה כזאת, התקבלתי ללימודים.

אבל לפני שאמשיך לספר על לימודי באוניברסיטת לבוב, רציתי להקדיש כמה מילים לסביבה של עיירתי. הסביבה שבה גרתי היתה מאוכלסת באוקראינים בכפרים וביהודים בערים ובעיירות. מובן שהכפריים האוקראינים היו רוב אוכלוסיותה של ווהלין. ברצוני לציין שהיו בסביבה גם כמה כפרים פולניים – היו אלה פולנים שבזמנו העבירו אותם ממרכז פולין מזרחה, מתוך כוונה לעשות "פולוניזציה" של השטחים המזרחיים של פולין. היו אלה פולנים בעלי אחוזות גדולות, כלומר מן השכבה העליונה שהתאוששה ואז העבירו אותם ממרכז פולין מאיזור מזובשה – לכן קראו להם "מזורים". הם קיבלו אחוזות בפולסיה ובווהלין. המטרה היתה גם להעביר את האוקראינים , שהיו פרבוסלבים, לדת הקתולית.

הפולנים התרגלו לאורח החיים של הכפריים המקומיים, אך שמרו על המסורת שלהם. מובן שהם השפיעו מאוד על התפתחות כל האיזור ובגלל העובדה שמוצאם מן האצולה הפולנית, נשארו אצלם מנהגים של תרבות יותר מפותחת.

היחסים בין היהודים לאוקראינים היו די הדוקים. למשל, הסבא שלי היה בעל אחוזה קטנה וגר בין השכנים האוקראינים, והתפתחו ביניהם יחסים טובים. אף פעם לא נעלו שם את הבית, לא פחדו שמישהו יתפרץ ויגנוב, לא פחדו מהתנפלויות והתנקשויות, לא פחדו שמישהו יעשה לך משהו רע. היה אמון הדדי. אבי גר כל חייו בכפרים האלה יחד עם האוקראינים ואף פעם לא חשש מהם.

כתוצאה מכך התפתחו גם יחסי מסחר תקינים בין היהודים לאוקראינים. הללו קנו אצל החנוונים היהודיים סחורות. היו פה ושם מקרי שוד בודדים אך אלה היו מקרים יוצאי דופן.

אני זוכר שבתקופה שלמדתי בבית הספר התיכון ברובנה, כאשר הייתי צריך לנסוע לשם והייתי מאחר לרכבת, או לאוטובוס, או לעגלה, אז לא היה אכפת לי לצאת באמצע הלילה ולטייל בין העיירות כ-18 ק"מ לתחנת הרכבת, משום שלא חשתי כל פחד. הרי כולם הכירו אותי ואני הכרתי את כולם. כל זאת אני מדגיש כדי להוכיח, שמה שקרה אחר כך בזמן המלחמה, לא נבע מתהליך טבעי של שנאה כלפי היהודים מצד האוקראינים בסביבה הכפרית. אלו היו דברים יוצאי דופן, דברים שהשתנו מבלי שחשבנו עליהם קודם.

היו, כמובן, וויכוחים ביו האוקראינים לפולנים. בינם היתה שנאה עמוקה יותר, כי היו להם חשבונות היסטוריים מהעבר.

ליהודים באוקראינה ובווהלין לא היו אף פעם דעות פרו-פולניות.

היהודים המבוגרים, וודאי שלא התקרבו אל הפולנים. הדור הצעיר התקרב אמנם אל התרבות הפולנית, אך היה זה נוער ציוני או אנטי קפיטליסטי מכיוון שהיה פרו-סובייטי.

אפשר לומר שאצלנו לא היו יהודים פרו-פולנים. ולכן אפשר גם לומר בוודאות שלא היו נקודות מחלוקת בעניין זה בין היהודים והאוקראינים. ברור שבתודעה נשארו זכורים הזמנים של חמלניצקי. גם האוקראינים וגם היהודים

זכרו אותם, כמו את הפרעות של ההטמאן פטליורה ואחרים, למרות שבסביבה שלנו הן לא היו כל כך קשות. הכפריים אצלנו לא היו פעילים במיוחד מבחינה לאומנית ומצב זה נמשך עד בואם של הסובייטים.

# התקופה הסובייטית

השלטונות הסובייטים הגיעו אלינו אחרי שהצבא האדום חצה את הגבול הפולני-סובייטי ב-17 בספטמבר 1939. תוך כמה ימים הגיעו אלינו נציגים של השלטון הסובייטי והתחילו לארגן את המשרדים בעיירה שלנו.

כאשר פרצה המלחמה ב-1 בספטמבר 1939 והגרמנים התקיפו את פולין, נראה שמסלול בריחתם של השלטונות הפולניים עבר דרך העיירה שלנו בכיוון דרומה. ביום שהם עברו אצלנו נהרס מרכז העיירה בהפצצה. זה היה מוזר מאוד שבעיירה נידחת כמו שלנו כבר בימים הראשונים הרגישו את המלחמה. היה שם גשר גדול שעמדו לפוצץ כדי לא לאפשר אולי לסובייטים להתקרב. היתה מורגשת התארגנות מצד האוקראינים. הם היו נגד הפולנים ופרו-גרמנים. היתה אז השפעה גדולה של הפשיסטים הגרמניים על הנוער האוקראיני. איני רוצה לומר שההשפעה היתה חזקה מאוד באיזור שלנו, אלא יותר דרומה, יותר במרכז ווהלין ובגליציה. בכל אופן, גייסו אוקראינים לצבא הגרמני.

המנהיגים האוקראינים האמינו וקיוו שאחר כך תיתן גרמניה עצמאות לאוקראינה. על כך הם חלמו זמן רב. פגשתי הרבה חברים אוקראינים והחשש היה שהללו יזכירו ליהודים שהם לא כל כך פרו-אוקראינים, או יותר נכון פרו-סובייטים. (האמת היא שבזמן השלטון הסובייטי היו הרבה יהודים ששיתפו פעולה עם השלטונות הסובייטים). האוקראינים ודאי לא האמינו שאנו היהודים היינו פרו-פולנים.

בין הנוער היהודי אצלנו היתה קבוצה גדולה של שמאלנים. אי אפשר לומר שהם היו קומוניסטים, אך הם נטו יותר לסובייטים. קראו להם "לינקע" – הם היו פרו-קומוניסטים, למרות שהם עצמם לא יכלו להיות כאלה ,משום שהיו חקלאים. לא ממעמד הפועלים.

גם בכפרים האוקראינים היו קצת קומוניסטים אך זה היה נוער השוליים. הם לא היו מאורגנים מבחינה פוליטית אך נחשבו כאלה. היו כאלה שהיו פעילים ב-מ.פ.ר (ארגון לעזרה לאסירים פוליטיים). הקבוצה הזאת עזרה למשפחות של אסירים פוליטיים ולכלואים בבתי הכלא הפולניים. היו גם נשים שנטו לקומוניזם.

בעיירה שלנו התארגן ועד לקבלת פני הצבא האדום . רוב החברים היו יהודים. הם חיפשו גם קצת אוקראינים ואכן מצאו אחדים שהוכנסו לועד הזה. היתה התלהבות. אי אפשר היה להתעלם מהעובדה שהגרמנים עמדו לכבוש את פולין וגם את האיזור שלנו. היהודים ידעו מה יהיה גורלם תחת הכיבוש הנאצי, לכן שבאו הסובייטים – טבעי היה שקידמו אותם בברכה. נוסף לזה הנוער היהודי ראה עכשיו אפשרות ללמוד בכל מוסדות החינוך הגבוה – דבר שהיה קודם בלתי אפשרי לרוב היהודים תחת השלטון הפולני. לא כל אחד יכול היה להתקבל ללימודים ולא כל ההורים יכלו להרשות לעצמם שילדיהם ילמדו לימודים גבוהים. היתה אז שיטת "נומרוס קלאוזוס", כלומר, אפשרות ללמוד לאחוז מסויים בלבד של יהודים. אצלנו בעיירה היו כ-4-5 שהצליחו להגיע ללימודים אקדמאיים ושניים שסיימו את לימודיהם באוניברסיטאות. הנוער היהודי רצה ללמוד אך האפשרויות היו מוגבלות מאוד. נוסף לזה היתה השתוללות של הפקידות הנמוכה הפולנית. כל פקיד זוטר פולני התייחס ליהודים ולפולנים כאילו הוא שליט עליון. כל שוטר זוטר הרגיש עצמו כבעל שליטה ובעל דעה והאמת היתה שהאוכלוסיה פחדה מהשוטרים הפולניים. פקידים יהודיים לא נתקבלו למוסדות ממשלתיים למרות שבעיירות שלנו היה רוב יהודי. זה היה הקו הממשלתי לפני המלחמה.

לא יתכן היה שיהודי יהיה ראש עיר. לעיתים רחוקות יכול היה יהודי להגיע לדרגת סגן ראש עיר. כך היה אצלנו בעיירה. אבל באופן כללי כל הפקידים היו פולניים. הביאו אותם ממרכז פולין והיתה להם השפעה על החיים הציבוריים. טבעי הדבר שהיתה ביניהם קבוצה אנטישמית וההתמרמרות היתה תמיד קיימת.

אנו התעניינו בחיים היהודיים ברוסיה, שמענו ברדיו על ההצגות ביידיש, על הופעות השחקנים היהודיים. שמענו על בתי ספר שבהם למדו יידיש, ספרים ביידיש היו מגיעים אלינו משם בכל מיני דרכים. כל זה הרשים אותנו והשפיע לטובת הסובייטים. לעומת זאת, הנוער הציוני הפעיל רצה לברוח עם בואם של הסובייטים. הם ניסו לברוח דרך ליטא. אז, בחודשים הראשונים, עוד אפשר היה    לעבור את הגבול ולהגיע לליטא, שם התרכזו הרבה בני נוער מכל תנועות הנוער הציוניות. העיר וילנא היתה עוד חופשית.

היו אחדים שהצליחו לברוח, אך היו שנתפסו בעוברם את הגבול ונכלאו .

הועד שהתארגן היה ,כאמור, מורכב ברובו מיהודים וקצת אוקראינים. הסובייטים התייחסו לפעילים הקומוניסטים באהדה די רבה, יש להעיר שהקומוניסטים או הפרו-קומוניסטים שהיו בעיירה היו די חזקים. כפי שציינתי, הנוער לא יכול היה להמשיך את לימודיו – אך הנוער הזה היותר משכיל, גם מבני בעלי המלאכה וגם בני הסוחרים, קרא הרבה ספרים מרקסיסטיים, קרא את הספרות הסובייטית. בני הנוער היו אוטודידקטים – למדו בעצמם. קראו את כתבי לנין, סטאלין, מארקס. היה מי שקרא בגלוי והיה מי שקרא במחתרת, אך היה רצון לדעת, ללמוד. כשהם נפגשו עם האנשים הסובייטים, אפילו עם פעילי המפלגה, היה מוזר לראות אותם מנהלים אתם ויכוחים תאורטיים. לנוער שלנו נראה היה שהם מפגרים אחרי ההשכלה הסובייטית, אחרי הנוער הסובייטי. אבל הרמה הסובייטית היתה לגמרי אחרת. היא היתה חד כיוונית – אחידות של המחשבה שהוכתבה מראש עם דברים

ונוסחאות שהוכנו מראש  והאנשים הסובייטים היו מוכרחים לקבלם. אסור היה לחשוב אחרת.

ואילו הנוער היהודי שהיה מאורגן בתנועות נוער כמו : השומר הצעיר, החלוץ, ובתנועות שמאלניות כמו : הבונדיסטים והקומוניסטים, היה נוער "מפולפל". יהודים שהיה להם ידע טוב בתלמוד או בכתובים, נעשו גם חריפים ובעלי ידע בתורת המרקסיזם-לניניזם. הם ידעו שצריך להתווכח ולכל שני אנשים היו שתי דעות. לכן כאשר נפגשו עם בעלי ההשפעה הסובייטים, לא הבינו כיצד הם כולם מדברים בנימה אחת, ללא ביקורת, כמו רובוטים. בזאת נוכחתי גם אני בזמן לימודי בתקופה הסובייטית בלבוב. צריך לומר שמיד עם ההשתלטות הסובייטית חלה אצלנו איזושהי התפכחות. התחילו להרגיש שזה לא זה. הסובייטים הפכו את העיירה שלי – ברזנה – למחוז קטן. הם הפכו את כל ברזנה למרכז של איזור קטן מבחינה אדמיניסטרטיבית, עם מועצה אזורית. צרפו את כל הכפרים באיזור, למחוז אחד.

ברור שהם התחילו לארגן את המוסדות בדרכם הם. הם הביאו את האנשים שלהם מהמזרח ומינו אותם למנהלי המשרדים השונים. תיכף הם התחילו לארגן את הבחירות לועידה הלאומית, או כפי שקראו לזה "האסיפה העממית" שהיתה צריכה להתכנס בלבוב. האסיפה הזאת היתה צריכה לכאורה להסכים לקבל את מערב אוקראינה לרפובליקה האוקראינית ולצרף את מערב אוקראינה לברית המועצות, וזה היה צריך לתת גושפנקה, לכאורה לפי בקשתם מאנשי מערב אוקראינה ,לכך שיבואו לקראתם ,יקבלו אותם למשפחת הריפובליקות הסובייטיות ויספחו אותם לאוקראינה המזרחית. וכאן כבר התחילו ההפליות כלפי המיעוט היהודי. היהודים השמאלנים הפרו-סובייטים שחשבו קודם שהם צריכים לקבל משרות גבוהות, שהם צריכים להיבחר כנציגים ל"אסיפה העממית"- נדחפו הצידה על ידי השלטונות הסובייטים.

המארגנים הסובייטים – הפוליטיקאים שהגיעו מברית המועצות, התחילו מיד לחפש אוקראינים שהם פועלים חקלאיים עניים, ומפני שפועלים

אוקראינים כמעט שלא היו בנמצא, או חיפשו אוקראינים שעבדו כפועלים במשקים של יהודים עשירים או פולנים, ואז דווקא אותם לקחו והפכו אותם לבעלי עמדות כוח. ברור שהם נתנו להבין שזאת רפובליקה אוקראינית ושהיהודים לא צריכים להידחף ,והשאלה היתה האם היהודים צריכים להכנס לנציגים ב"אסיפה העממית" בהתחשב במספר היהודים שגרו באוקראינה המערבית – אבל היה רמז ברור שהיהודים לא צריכים להידחף.

השלטונות הסובייטים נתנו רמזים די מוחשיים כדי לתת להבין שהכוונה שלהם – זה לתת ייצוג מתאים באסיפה העממית לנציגי העם האוקראיני. אולם מכיוון שדיברו על דמוקרטיה, אז הם היו באים לאסיפות של תושבי העיר והיו מציגים את המועמדים שלהם והקהל היה צריך "לאשר" את המועמדים שהיו כבר ברשימה המוכנה במשרדי המפלגה הקומוניסטית. לכולם היה ברור שכאשר הם מציגים את המועמדים שלהם – ועושים הצבעה – לא צריכים להתנגד ,ואז היו קמים הקומיסרים ומכריזים ש"לפי רצונכם אנחנו מאשרים את הנציגים שבחרתם" וכו'. זה היה כמובן תרגיל מאוד גס. כל אחד הבין את הצביעות הזאת, אבל לפתוח את הפה – כל אחד פחד מפני שידע מהן התוצאות שתהיינה לכך.

הבחירות התקיימו, בחרו פה אחד, וברור שהתוצאות היו חיוביות – רוב מוחלט של הבוחרים הצביע בעד הבלוק של הקומוניסטים "והבלתי מפלגתיים". מערב אוקראינה סופחה , באופן רשמי לרפובליקה האוקראינית, אך למעשה, רוב הפקידות המובילה, השלטת, היתה פקידות שהגיעה מאוקראינה המזרחית – מזכירי המפלגה וחברי המפלגה – הם תפסו את עמדות המפתח, היו מנהלי משרדים ומפעלים גדולים וכו'.

נתנו גם ייצוג לפעילים מקומיים – אלה שישבו בבתי סוהר בזמן השלטון הפולני – קומוניסטים נאמני השלטון הסובייטי. התחילו לארגן את הנוער בארגון ה"קומסומול" -הנוער הקומוניסטי, ולא התחשבו במי שהם היו קודם, אלא התחשבו בעקר במצבם הכלכלי של ההורים או במצב הסוצאילי

של האנשים האלה. אבל מה שהדהים את האנשים שהיו פרו-קומוניסטים, פרו-סובייטים, כלומר האנשים היותר משכילים והיותר מלומדים ובקיאים בתורת הקומוניזם והלניניזם – היתה אי השוויוניות של החברה הסובייטית ולמעשה של המשטר הסובייטי. אי השוויוניות הזאת בלטה מאוד לעין .

למשל,ההבדל בין הפקידים הגבוהים ובין הפקידים הזוטרים היה גדול מאוד. לפקידים הגבוהים היו תנאים טובים מאוד והמשטר הסובייטי דאג להם ללבוש, מזון וזכויות גדולות, מה שהיה חסר לפקידים הזוטרים.

הפקידים הגבוהים מהמפלגה ומהאדמיניסטרציה היו בריאי גוף מעודף זלילה ובטון סטירי התלוצצו שזה בא להם מ"הצבירה הסוציאליסטית" (בניגוד למונח הזה, היה מונח בתורת המרקסיזם – "הצבירה הקפיטליסטית").

ראוי לציין שלבושם של הפקידים הזוטרים היה דל מאוד מפני שהיה להם קשה להשיג באופן חופשי בחנויות הממשלתיות, חליפות, מעילים וכו׳. היה להם קשה להשיג גם מזון בכמות סבירה. בנוסף לזה, גם הידע שלהם, הרמה התרבותית הייתה נמוכה מאוד. כל זה עשה רושם מזעזע על היהודים המקומיים ובעיקר התאכזבו היהודים שקודם נטו לקומוניזם וחלקם חלמו על הזמן שבו יהיה "גן עדן" קומוניסטי. הפרו-קומוניסטים האלה לא ציפו לזה קודם. הם חשבו שבחברה הסובייטית, בארץ הסוציאליזם, נעלמו התופעות של אי השווין.

לי, למשל, הייתה אחות –רבקה, בחורה אינטליגנטית ומלומדת, בוגרת הסמינריון היהודי בוילנה. היא הייתה מורה, אבל בפולין הסמינריון הזה היה ידוע בכך שרוב התלמידים שלו היו פרו-קומוניסטים. השלטונות הפולניים סגרו אחר כך את הסמינריון , ולפני שסגרו אותו הוא היה תחת פיקוח משטרתי. לכן גם אחרי אחותי עקבה המשטרה הפולנית, מפני שכל בוגר של הסמינריון הזה היה חשוד בעיני הבולשת הפולנית כאוהד הקומוניזם. אחותי לימדה את התלמידים בעיירה שלנו ביידיש, ואחר כך כשבאו הסובייטים, הם ניסו למשוך אותה לפעילות פוליטית. אני זוכר שכשבאתי הביתה בחופשת הקיץ מלבוב,

ראיתי שאחותי הפסיקה לגמרי את הפעילות שלה. היא התאכזבה מאוד מהמשטר הסובייטי. "זה לא זה", היא אמרה. "זה לא למה שציפיתי קודם".

אבל הנוער היהודי התארגן. אני רוצה להדגיש שהתרבות של הנוער שלנו, למעשה, לא הייתה יהודית. עם בואם של הסובייטים הם התחילו לארגן חוגים של נוער ומשכו את הנוער הלומד לארגון הנוער הקומוניסטי "קומסומול". לארגון זה השתייכו כולם - אוקראינים, יהודים, פולנים, רוסים. אבל הייתה התדלדלות של החיים הכלכלים של היהודים. למעשה, היהודים היו הראשונים שנפגעו על ידי השלטון הסובייטי. כל השכבה של בעלי החנויות הקטנים והגדולים נפגעה. הרי לפני המלחמה כל המסחר הזעיר והמסחר הגדול היו בידי היהודים. כל המפעלים הקטנים ובתי המלאכה הרבים - בעליהם היו יהודים, והאיכרים שבכפרים בסביבה היו מאוד קשורים מבחינה כלכלית ליהודים. עכשיו, תחת השלטון הסובייטי, הקשר הזה נותק. היהודים נשארו בלי פרנסה. צריך לציין שבהתחלה עוד החזיקו היהודים מעמד. לכל אחד נשאר משהו מהרזרבות והיה עוד יכול להתקיים. הם לא רעבו ללחם. הם מכרו בדים, נעליים וכל מיני דברים לסובייטים שקנו מכל הבא ליד ושילמו כסף רב. ליהודים בעלי החנויות היה מלאי רב וכאשר מכרו את הסחורות - טבעי הדבר שצברו כסף רב, אולם מבחינה זו סבלו בעלי המלאכה שלא היה להם מה למכור. היהודים הסתגלו איך שהוא למצב. בנוסף לזה הם ראו שהמסחר הסובייטי לא כל כך מאורגן טוב לסיפוק הצרכים, לכן היו יהודים שהתחילו לעסוק במסחר בלתי לגאלי, בספקולציה - קנו דברים מהחנויות ומכרו אותם במחירים מפולפלים וכו'. חלק מהיהודים הלך לפקידות, חלק הלך לעבוד ברשתות המסחר הסובייטי ולמפעלים השונים. הסובייטים ארגנו רשת גדולה מאוד של אספקה ושיווק. אמנם לא היו בה הרבה יחידות, אך הפקידות והשירותים מסביב לרשת הזו היו רבים והיהודים השתלבו בעבודה בכל מיני מוסדות, משרדים ומפעלים. הסובייטים העסיקו הרבה פקידים לביקורת מפני שלא היה להם אף אחד שיעשה זאת.אנחנו לא הבינונו מה מתרחש אצלם ולמה צריך להעסיק כל כך הרבה פקידים ומדוע צריך את

הביקורת הגדולה. אחר כך למדנו שהם גם גנבו כל כך הרבה זמן אחד מהשני שלכל מבקר צריך היה עוד אחד מעליו, והבירוקרטיה הייתה גדולה מאוד ומסובכת. כך כל הנוער היהודי לאט לאט נכנס לתוך זה. הוא השתלב כי היו תנאים לכך. ברור שלאנשי המקצוע כמו אלה שעבדו אצל האבא שלי - לא הייתה בעיה להשתלב בעבודה.

נציגי חברה ממשלתית סובייטית באו והתחילו לארגן את המפעל שהיה קשור ליערות והוא מייד התחיל לעבוד. אבל האנשים שבאו לעבוד במפעל של אבי היו מאוקראינה המזרחית, או מרוסיה עצמה, נתנו לו להבין שמהמשכורת אי אפשר לחיות. צריכים משהו נוסף כדי להרוויח עוד כסף. האנשים אצלנו לא הבינו איך אפשר במשטר הסובייטי גם לעבוד במשרד או במפעל ולעסוק בדברים נוספים בצד כדי להתקיים.

אני כשלעצמי, מיד כשבאו הסובייטים, המשכתי את הלימודים שלי באוניברסיטה בלבוב. הלימודים היו בפקולטה לחקלאות. ולמעשה לא הייתי בעיירה שלי והרבה דברים לא ראיתי ולא ידעתי איך היהודים הסתדרו. אבל בזמן החופש כשבאתי הביתה, ראיתי שהעיירה התדלדלה. מצד שני היו בעיירה הרבה יהודים פליטים מפולין המערבית והמרכזית - הם לרוב היו פקידים והיו די משכילים. הם למדו מהר את השפה הרוסית ועבדו בכל מיני משרדים. אבל מה שהיה חיובי - זה שהנוער התחיל ללמוד. עבדו ולמדו אלה שרצו ללמוד בבתי ספר תיכוניים, השלטונות אפשרו להם ללמוד. אלה שהיו בוגרי גימנסיות התחילו ללמוד באוניברסיטאות. הייתה נהירה של כל הנוער היהודי ללימודים . הנוער היהודי נכנס למרוץ של לימודים, של רכישת השכלה, מה שהיה בלתי אפשרי במשך שנים בעת השלטון הפולני. עכשיו בזמן השלטון הסובייטי זה התאפשר ונתגשם החלום של הנוער היהודי ללמוד מקצועות שונים שלא היו יכולים לרכוש קודם.

כאשר הייתי בא לחופשת הקיץ, כל מי שפגשתי סיפר לי שהוא לומד בתיכון, או התכונן ללמוד בתיכון, או בבתי ספר גבוהים . זה היה המצב. הנוער

לא הלך בדרך כלל לפעילות פוליטית, היה חלק קטן שהלך, כי הסובייטים משכו אותם לכך. היתה גישה אצל הסובייטים שמי שלמד בבית הספר התיכון, קיבלו אותו ל"קומסומול". אם היה עובד טוב באיזה מפעל ממשלתי או קומונלי, אז שכנעו אותו שיירשם למפלגה הקומוניסטית.

היה לי אח מבוגר ממני. הוא היה כלכלן טוב, מנהל חשבונות וגמר בית ספר תיכון למסחר ופקידות, אז עשו אותו מנהל חשבונות של מרכז קולחוז. הוא היה עובד טוב. בזמנו הוא היה חבר התנועה הרביזיוניסטית. דווקא עליו לא הלשינו שהיה חבר מפלגה אנטי קומוניסטית. אחרת היו כולאים אותו בבית סוהר, אך דווקא אותו משכו לכל העמדות הפוליטיות ופשוט דרשו ממנו שיגיש את מועמדותו להיות חבר המפלגה הקומוניסטית. דווקא אחותי, שהיתה קומוניסטית בהשקפותיה והייתה פעילה מאוד למען הקומוניזם - התאכזבה ועזבה את כל זה ולא רצתה ללמד בבית ספר סובייטי. קשה היה להבין את זה.

אני זוכר שהיה איזה משפט נגד בריון אוקראיני - לא היו חסרים כאלה בעיירות שלנו - שהיכה עובד יהודי. האשימו אותו בחוליגניזם. העמידו אותו למשפט, אבל המשפחה של היהודי הייתה ענייה ואילו משפחת הבריון קנתה זוג מגפיים לשופט כמתנה, וגם לתובע ולמפקד המשטרה. אותו שופט משוחד ניסה בזמן הישיבה של בית המשפט, בו ישבו גם 12 מושבעים, לטהר את הנאשם ורצה להוכיח שזה היה מקרה יוצא דופן ושצריכים לשחרר את הנאשם. גם את אחותי הזמינו להיות בין המושבעים והיא הייתה היחידה שהצביעה נגד החלטת השופט. ברור שאחר כך לא הזמינו אותה יותר. אבל המקרה הזה השאיר טעם מר אצל הנוער היהודי. הם נוכחו לדעת שאפשר לקנות בזוג מגפיים שופטים סובייטים, ולאיזו דרגת השפלה הגיעו השופטים - זה פגע מאוד במורל של הנוער היהודי. אז מצד אחד הרגישו ריקנות מסוימת ואכזבה מהאידיאלים הגדולים של שוויון, חופש, סוציאליזם, אבל מצד שני הנוער קיבל את שכרו בזה שיכול היה ללמוד, ולעבוד בלי אפליה.

היהודים באמת הסתגלו. הם למדו את כל הקומבינציות על מנת שיוכלו להתקיים ולעבוד. דווקא הפקידים שבאו מהמזרח, הם שלימדו את היהודים שלנו איך צריכים לחיות במשטר הסובייטי. כך היה המצב אז. הם לימדו איך לעשות כספים מן הצד באופן בלתי לגאלי בנוסף למשכורת הנמוכה.

אני מדגיש זאת מפני שכשהייתי נפגש עם סובייטים לפני המלחמה וגם אחריה, הם היו אומרים לי שרק היהודים שלנו ממערב אוקראינה ומפולין - הם שהכניסו את המושג "ספקולציה" ו"ספסרות" לחברה הסובייטית, ולדבריהם המושגים הללו כבר מזמן נעלמו מהלכסיקון הסובייטי ומהחיים הסובייטים במזרח אוקראינה. הם ניסו להוכיח שהיתה השפעה שלילית של הזעיר בורגנות היהודית במערב אוקראינה על החיים הסובייטים אחרי סיפוח מערב אוקראינה לברית המועצות. ברור שזה לא היה נכון. עד כמה שהיהודים היו ה"זעיר בורגנות "שבעיירות האלה, ואם המושג הזה בכלל מתאים - מפני שהיהודים אמנם עסקו במסחר, אבל לא היו ספקולנטים וספסרים, כפי שהסובייטים קראו להם. הם היו ישרים. המילה היתה מילה, המחיר היה מחיר. מסחר היה מסחר ועבודה היתה עבודה. המשכורת הספיקה או שלא הספיקה, אבל היהודים היו ישרים. מבחינה זו המושג ספקולציה וספסרות לא היה ידוע להם. זה הגיע ממזרח אוקראינה מהאנשים שחונכו וגדלו בשלטון הסובייטי.

אני המשכתי בלימודים. ליהודים היתה בעיה : להגיד שהיה שיוויון בין היהודים לבין האוקראינים בבית הספר הגבוה, היה קשה. אבל בבית ספר שלנו היו שתי שכבות. שם למדו גם הרבה תלמידים שהגיעו ממזרח אוקראינה מפני שלאנשים מערי מזרח אוקראינה : קייב, חרקוב, אודיסה, ברדיצ'ב - המעבר ללבוב היה עבורם מעבר לעולם מושגים כל כך שונה מבחינת אורח החיים, ההסתגלות לתנאים יותר טובים, לרמה שונה לגמרי, לדברים שהם לא ראו בכלל בחייהם. אז כל אחד השתדל לעבור לצידה המערבי של אוקראינה - הם ידעו שיש מלאי מספיק של סחורות ודברים אחרים במערב ורצו כמובן ליהנות מזה. כל זאת למרות שהכניסו להם לראש שאצלנו במערב אוקראינה האנשים הם ספסרים וספקולנטים, ומה שאי אפשר היה להשיג אצלם, השיגו אצלנו :

והיטים, נעליים, בדים טובים וכו׳. זה היה מפגש בלתי מתוכנן ובלתי צפוי מבחינתם והם היו כמובן שמחים שזה קרה. הם ראו אצלנו בתים יפים ומרוהטים בטעם ובצורה אחרת מכפי שהיו רגילים במזרח אוקראינה. אז הרבה סטודנטים השתדלו ללמוד אצלנו בלבוב. שם הם לא היו מיוחסים, אבל כשבאו אלינו, אז ברור שהם הרגישו עצמם מיוחסים, הן מבחינת ידע השפה והן מבחינת ידע שיטות המרקסיזם והלניניזם. אנחנו לא היו היינו בורים בלימודים אלה. אמנם היו חוגים בלתי ליגאליים - בלחי רשמיים שלמדו את כתבי מרקס ולנין וגם דברים אחרים, אבל למרות שלא היינו בורים בזה - התווכחנו. כולנו ידענו מי פחות ומי יותר במה מדובר והתיאוריה של הסוציאליזם לא היתה זרה לנו. היו מקרים שהמרצה לא ידע כמה נוסחאות בתורת המרקסיזם והלניניזם ואנחנו, הסטודנטים ממערב אוקראינה, ידענו יותר ממנו מפני שאנחנו התעניינו, אמנם בצורה חופשית, אבל ידענו. למרצה אסור היה לסטות מתוכניות הלימודים הרשמית ואסור היה לו להביע דעה משלו - דעה עצמאית. אסור היה לו חס וחלילה לשנות איזו פיסקה של לנין, סטלין אן מרקס. זאת היתה עבירה, כשם שליהודי אסור לשנות פיסקה או מילה מהתורה. לכן אסור היה לו לתת פירושים משלו. הם היו צריכים לתת פירושים שכבר התפרסמו במקורות סובייטים רשמיים. המרצה יכול היה רק לחזור על דברים שאחרים כבר הכינו בשבילו, מחשבות סטראוטיפיות מוכנות. כל זה היה קשה מאד לסטודנט שלמד אפילו בפולין הקפיטליסיטית, הלא כל כך דמוקרטית, להתרגל לדברים כאלה. בפולין מותר היה להתווכח, להביע דעות עצמאיות. אף אחד לא פחד לומר את מה שהוא רצה לומר. אבל עכשיו היה המצב שונה לגמרי. אנשים פחדו מפני שידעו שאסור לדבר אם זה נוגד את הקו הרשמי הממשלתי - המפלגתי.

בהתחלה התארגנו קבוצות סטודנטים - יוצאי פולין, אוקראינים, יהודים, וסטודנטים שהגיעו מהמזרח, מברית המועצות. מצאנו איזו שפה משותפת. צריך לציין שבלימודים המעשיים, והתיאורטיים הדורשים נסיון מדעי - אנחנו עלינו עליהם. הרמה אצלנו היתה יותר גבוהה. גם אורח החיים

שלנו היה יותר חופשי משלהם. הם רצו להשתלב בחיים שלנו - מבחינת התרבות ומבחינת היחסים בין אדם לאדם. הם ניסו להסתגל, היות שהחיים אצלנו היו יותר חופשיים וזה קסם להם. הם לא טעמו ולא הכירו את זה קודם. ברוסיה התחילה אז, למעשה, גישה יותר ליברלית, שונה מזו שהיתה במשטר הנוקשה כל הזמן. בכל המפגש עם אנשי המערב - התרבות המערבית השפיעה מבחינה מסויימת עליהם. הסיסמה של סטאלין היתה : "החיים נעשו יותר שמחים, יוחר עשירים, יותר יפים" .

שכנעו אותנו להצטרף מיד לקומסומול. זה היה דבר מוכר. אני הייתי מבחינה סוציאלית "נקי". אבא שלי השתייך ל"אינטליגנציה העובדת". גם הסבא שלי, שלמרות שהיה לו משק חקלאי, זאת לא היתה אחוזה גדולה שהעסיקה הרבה פועלים ואיכרים וניצלה אותם. מבחינתם הוא נחשב ל-"קולאק" (מעמד האיכרים ברוסיה שרדפו אותם והגלו לסיביר), אבל היות שהמשק שלו התחלק בין הבנים - האחוזה התפצלה ולא היתה גדולה כל כך. אבא שלי לא נחשב לבן אדם עשיר. לכן הייתי יכול להצטרף לקומסומול והם משכו אותי לפעילות הזו. הייתי יושב ראש התאחדות הסטודנטים במשך תקופה מסויימת. לא נתנו לנו עמדות מפלגתיות מפני שכפי שכבר ציינתי, העמדות החשובות במפלגה או בקומסומול נתפסו על ידי אנשים שנשלחו מברית המועצות - מהמזרח. מה שהיה מגוחך הוא שיהודים טובים - בני נוער יהודיים שהוריהם היו בעלי חנויות, או סוחרים זעירים, נפסלו מבחינה סוציאלית, למרות שהם היו יותר פעילים ממני ומאחרים. הם היו יותר ידענים, אך אותם פסלו והם היו אמורים לחכות עוד דור אחד או שנים .

החיים בבית הספר הגבוה התרכזו למעשה רק בלימודים. התוכנית היתה גדושה מאד מפני שבנוסף ללימודי ההתמחות המקצועיים - היינו צריכים ללמוד את תורת המרקסיזם- לניניזם, מפני שבלי זה אי אפשר היה לעבור.

לחיים הפוליטיים ממש הם לא רצו להכניס את הנוער שלנו מהמערב. הם לא רצו לאפשר לנו לנהל את החיים הפוליטיים, מבחינתם אנחנו עוד לא היינו כשרים לכך ואלה שניהלו את החיים הפוליטיים באוניברסיטאות ובמוסדות חינוך אחרים, היו אנשי המזרח שבאו אלינו. אנחנו היינו רק פעילים ועוזרים.

האוקראינים הסתייגו. חלק קטן מהאוקראינים השתתפו בחיים הפוליטיים באוניברסיטאות ובבית הספר שלנו, אבל בעיקר היתה אצלם נטיה לחכות ולראות מה יקרה. הם כל הזמן לא האמינו שהמצב הקיים יימשך. נראה שבין האוקראינים היו זרמים נציונליסטיים שהיו להם קשרים עם גרמניה הנאצית והם ציפו שמשהו יתרחש.

המצב הביא גם לכך שהרבה אוקראינים מזרחיים ואוקראינים מערביים מצאו ,בהרבה מקרים, לשון משותפת. הלשון המשותפת היתה זו של הנציונליזם האוקראיני שהיה מפותח מאוד גם בין הנוער המזרחי. הם פחדו להביע את דעותיהם ברבים על נושא זה. זה היה מורגש מאוד. הם פחדו לדבר באופן גלוי על כך, כי ידעו מה עלולות להיות התוצאות. ידענו מהן ההסתיגויות שלהם בקשר להשפעה הרוסית באוקראינה, לגבי המספר הגדול של היהודים שהיו בכל המקומות, ושנית- היתה להם איזו מועקה. למשל, כאשר התאספנו כדי לבחור את הועד של הפרופ-סיוז (האיגוד המקצועי האוקראיני, והסטודנטים לפי בתי הספר הגבוהים, השתייכו לאותם איגודים מקצועיים שבעתיד היו צריכים לעבוד במסגרתם. אנחנו השתייכנו לאיגוד המקצועי של עובדי החקלאות וכל אחד שהיה צריך להיבחר, נאלץ לספר את תולדות חייו כפי שזה היה מקובל אצלם. בתולדות החיים אצלנו במערב, לכל אחד מאיתנו היה סיפור רגיל : האב עבד פה, עבד שם, אני למדתי פה ושם וכו׳. כך היה גם בין היהודים וגם בין האוקראינים. מה שנראה לנו מוזר הוא, כי אלה שבאו ממזרח אוקראינה, גם הם היו צריכים לספר את תולדות חייהם כדי להתקבל מחדש.

אותנו הפתיע דבר אחד : כל אדם שני או שלישי סיפר ש"אבא נלקח למוסדות". לא יכולנו להבין על ידי איזה מוסדות ההורים שלהם נלקחו. אחרי כן הסתבר שה"מוסדות" - זה משרד הפנים - למעשה זה היה הנ.ק.וו.ד. ,שירות הבטחון, ולמעשה כמעט 60 אחוזים מהוריהם נלקחו על ידי "מוסד" זה ולא חזרו הביתה. הוריהם היו, כנראה, ממעמד ה"קולאקים" או נציונליסטים שנשלחו לסיביר.

סטודנטים אחרים סיפרו שאבא "ישב" זמן מה ואחר כך השתחרר. לא היה מקרה שאחד מהסטודנטים המערביים סיפר שאבא שלו ישב בכלא. אצלנו היו אלה מקרים יוצאי דופן שמישהו ישב, לעומתם -שסיפרו כי אבותיהם ישבו בגלל עבירות כלכליות או שמבחינה פוליטית הם לא היו נאמנים למשטר הסובייטי. היה ברור שכאשר אסרו את ההורים והם נכלאו במחנות שונים בסיביר - השלטונות החרימו את כל רכושם ולקחו מהם את המשקים החקלאיים שלהם, והם נשארו בלי כל אמצעי מחיה. בהתחלה זה היה מאד קשה בשבילם, אבל אחר כך הם התרגלו, למרום שזה דיכא אותם, כמובן, וגרם להם זעזוע קשה.

כך זה נמשך כל השנה הראשונה של לימודי בלבוב. בשנה השניה התיאשנו מהרמה הנמוכה של הלימודים והמרצים גם יחד. רק המרצים שלימדו את הלימודים המדוייקים כמו מתמטיקה או פיסיקה היו על רמה טובה, אבל רמת לימודי הביולוגיה היתה מאד נמוכה. הם לימדו על פי ה"קו" של ה"מלומד" הביולוג ליסנקו. המחקרים החדשים בתחום הביולוגיה שהכרנו בפולין - הופסקו לפתע. כלומר, הופסקו כל הכיוונים של המחקר הביולוגי. ובנוסף לזה, כאמור, הרמה של הסטודנטים שבאו מהמזרח היתה זוועתית ומתחת לכל ביקורת. הם לא היו מפותחים מספיק. הם לא קראו באופן עצמאי מפני שפחדו לקרוא. הם לא ידעו מה מותר לקרוא ומה אסור. היה רק ברור שצריכים לקרוא דברים שתאמו את הקו הממשלתי המפלגתי. הם עוד חשבו במושגים שהכניסו להם לראש. סיפרו להם למשל שבפולין לא היה לפועלים מה לאכול - לא היה להם ביגוד מספיק, שהחקלאים מחלקים גפרור

ל-4 חלקים כדי לחסוך בכסף וכל מיני שטויות אחרות. אבל המפגש הזה עם הפועלים והחקלאים שלנו גרם להם הפתעה גדולה. פתאום הם ראו בתים יפים אצל הפועלים וראו שהחקלאים מבוססים עם בתים נקיים. הם השתכנעו שכל מה שסיפרו להם היה שקר וכזב.

ההפתעה השניה היתה עבורם הסיפורים שסיפרו להם על היהודים שלנו, שהפולנים מכים אותם ומתעוללים בהם, מדכאים אותם - ואז הם כנראה במצב כזה שאינם יכולים לדבר יידיש ולא לדבר עברית. הם לא יכלו לדעת שהיהודים בפולין יכלו ללמוד ולדבר יידיש ועברית, קראו גם את מרקס, היו מאורגנים בארגונים משלהם, למדו גם רוסית וגרו בבתים נאותים, תפסו עמדות חשובות בתחום התרבות והכלכלה - אמנם לא עמדות פוליטיות. הם לא הבינו שמספר היהודים בכל העולם -אז, לפני המלחמה- הגיע ל- 16 מיליון בלבד. כאשר דברתי פעם עם חבר אחד מהמזרח ואמרתי שזה היה המספר הנכון - הוא הופתע. "איך זה יכול להיות שיש בסך הכל 16 מיליון יהודים. רק באוקראינה יש 40 מיליון אוקראינים ולא שומעים עליהם, ובכל העולם יש רק 16 מיליון יהודים וכולם מדברים עליהם". הוא לא יכול היה להבין את זה. אלה היו הבדלים מהותיים בינינו לבינם.

המשטר הסובייטי הביא אותם למצב שבו הם פשוט לא היו מסוגלים לחשוב באופן עצמאי, כי הם פחדו לחשוב. אם מישהו רצה להצליח בחיים, הוא היה צריך ללכת בתלם המפלגתי הפוליטי. אך הופתענו מכך שהיו הרבה נציונליסטים בין האוקראינים המזרחיים, או שהיה להם שמץ של נימה נציונליסטית, והם חיכו לזמן המתאים שמשהו יתרחש.

# הכיבוש הנאצי

בדיוק ב -22 ביוני 1941, זה היה היום שבו גמרנו את הבחינות, היה אירוע גדול על מגרש הספורט של בית הספר. אחרי הבחינות ארגנו איזה "קורס"- כך היו קוראים לזה ולמעשה היה זה מפגן ספורט ותחרויות. תוך כדי מפגן הספורט הזה התחילו פתאום הפצצות. זה היה ב-9-10 בבוקר. בהתחלה חשבנו שההפצצות הן תמרונים של הצבא האדום, או משהו כזה, אבל אחר כך נודע לנו שפרצה מלחמה.

היתה בהלה בעיר ותוך כמה שעות השלטון היה כלא היה. הוא התנדף לחלוטין , פשוט נעלם כאילו יד מכושפת כיוונה את מהלך הדברים. לא היו מנהיגים, לא היו מנהלים, לא מנהלי בית הספר או הדיקנים. כל אחד התחיל לחשוב רק על עצמו, איך לצאת ולברוח מן העיר יחד עם המשפחה. הבורחים הראשונים היו אלה שבאו אלינו מן המזרח, כל מיני פקידים גבוהים וזוטרים, חברי מפלגה עם משפחותיהם. הם רק חשבו מה אפשר לאסוף מהבית כדי לצאת. הם לא חשבו על המוסדות או איך אפשר להגן על העיר. הם רק חשבו מה עוד אפשר לקנות לפני צאתם, איך לקחת יותר דברים ולהעמיס על המכוניות, איך אפשר לאסוף ולאגור מהמערב כדי להביא למזרח.

השלטון התפורר ונעלם. תוך כמה שעות לא היה כבר עם מי לדבר. העיר נשארה ללא ממשל. עשינו אסיפה קטנה להתייעץ מה לעשות, איך להתנהג, אבל למעשה לא היה כבר עם מי לדבר ועם מי להתייעץ. הסטודנטים מהמזרח עזבו כבר באותו יום, או למחרת. אני חשבתי לחזור הביתה מפני ששם השארתי את משפחתי. התחלתי לחשוב איך מגיעים הביתה, הרי לנסוע

ברכבת לא היתה כל אפשרות. אי אפשר היה לנסוע באופן ישיר. בסוף עלינו על איזו מכונית, משאית. מכוניות באיזה שהוא אופן עדיין נסעו מעיירה לעיירה וכך הגעתי לרובנה. מרובנה כבר הלכתי ברגל דרך עיירות ומקומות שהיו מוכרים לי וכך הצלחתי להגיע הביתה.

בדרך ראיתי שבכל המקומות השלטון כבר לא היה קיים. האוקראינים הרימו ראש לא עד כדי כך שהיכו מישהו או שפגעו במישהו, אבל כבר ראיתי את התמונה של מה שעומד להתרחש בעתיד הקרוב. ראיתי את השמחה שלהם שהנה הם נפטרו מהשלטון הסובייטי. ראיתי את השחצנות שלהם - הם אמרו "אתם רואים, מה שאמרנו קודם - התקיים. עכשיו אנחנו נשלוט".

כאשר הגעתי הביתה- זה כבר היה בהתחלת יולי. הנסיעה שלי מלבוב הביתה נמשכה בערך כשבועיים. בעיירה שלנו כבר היה שלטון אוקראיני - גרמני. הצבא כבר היה שם ונציגי השלטון הגרמני, פלוגות ס.ס. -אז עוד לא ידעתי מה זה. אמרו שצריך לבוא "לנדס – קומיסר". כלומר מעין שלטון מקומי חקלאי – כפי שהם קראו לזה, וגם משטרה ושלטון אזרחי אוקראיני. ותופעה מאד אופיינית: כל האוקראינים שהשתייכו לפני כן לארגון הנוער הקומוניסטי, סיפרו שלמעשה בהיותם בארגון הנוער הקומוניסטי, הם פעלו במחתרת נגד השלטון הסובייטי לטובת האוקראינים הנציונליסטים.

הפגישה הראשונה שלי עם האוקראינים "החדשים" היתה, במקרה, אצלי בבית. שומר יערות שעבד עם אבי, בא אל אבא על מנת לקבל את הנתונים על היערות באיזור, היכן שאבא ניהל את מקומות העבודה עד בואם של הגרמנים. הגישה שלהם לא היתה אנטי יהודית במלוא מובן המילה. הם אמרו שעכשיו עליהם לשלוט, ובאמת הם התחילו להקים אנדרטאות לזכר האוקראינים או שערי ניצחון בכל הכפרים האוקראיניים. כאשר דברתי איתם ,הם ענו לי : מה יש - עד עכשו היהודים לא עבדו בעבודות פיזיות קשות, לא בחקלאות, לא בנקיון, לא בעבודת מלאכה לנשים. אנחנו נארגן מקומות עבודה בשבילכם וניקח את היהודים לעבודות. מי שירצה לעבוד בכפר או בבית

חרושת - יעבוד . לאוקראינים הייתה תחושה שהם מבצעים איזושהי מהפכה סוציאלית - נציונליסטית, שהנה היהודים יתחילו סוף-סוף לעבוד והם ,האוקראינים, יאיישו את כל המשרות. זאת היתה הגישה של האוקראינים. וכאשר שומר היערות דיבר אתי ועם משפחתי, הוא אמר : ״מה אתם מפחדים, הרי אתם משפחה עובדת כל השנים. אחד יהיה מהנדס חקלאי, אחד מורה, אבי המשפחה כל החיים עובד ביערות. המשפחה כולה עובדת בחקלאות, אתם למעשה אנשים שאין להם ממה לפחד. אתם אנשים פרודוקטיביים ואנשי עבודה״... האוקראינים לא הבינו בכלל מה הולך כאן.

זה היה בהתחלה. תוך שבועיים כבר הגיעו מוסדות גרמניים שלמעשה סילקו את האוקראינים מהמקומות החשובים והשאירו אותם רק כיושבי ראש המועצות המקומיות, אך את השלטון לקחו בידיהם. הדבר הראשון שעשו היה לארגן ״ממשל עצמאי״ ליהודים, הם בחרו איזה יהודי שהיה לפני המלחמה סגן יושב ראש העיר ,ובינתיים התחילו גם לארגן ״גטו פתוח״. למעשה זה עוד לא היה גטו ממש, כי היהודים נשארו במקומותיהם. הם לקחו כמה בתים מהיהודים למוסדות אבל בהתחלה לא היה כנראה גם צורך כזה. הגרמנים התחילו לארגן קבוצות יהודים לשלוח אותם לעבודה לאן שהיה צורך. זאת היתה ההתחלה. אני לא הספקתי לראות הכל מפני שתוך שבועיים-שלושה אחרי שהתארגנו, התחילו הגרמנים לאסור את האינטליגנציה. זה היה בכל עיירה ועיר. אני הייתי בין אלה שהם תפסו. מהאינטליגנציה המקומית לא היו הרבה. אני הייתי למעשה מהסטודנטים היחידים שחזרו הביתה.

הושיבו אותנו, קבוצה של שלושה או ארבעה יהודים, כמה פולנים וגם אוקראיני אחד היה שם, מפני שהיה חשוד כפרו-קומוניסט. מהקבוצה שלנו הוציאו להורג רק פולני אחד. הוא היה איש חשוב מאד במוסדות הפולניים בעיירה לפני המלחמה ומה שהיה מוזר שבזמן שקראו לפולני לצאת - הם פנו אלי. משום מה הם חשבו שדווקא אני הוא הפולני שהם צריכים להרוג. אכן המראה החיצוני שלו היה דומה יותר ליהודי מאשר לפולני. אחר כך התברר להם שלא אני הפולני...

אחר כך הצלחתי לברוח מבית הכלא הזה וכך זה היה :

בתחנת המשטרה עבד אחד החברים שלי, ירמולקה שמו, כשוטר במשטרה הגרמנית. בית הסוהר שהייתי כלוא בו, לא נשמר במיוחד. הוא היה בתוך גן, היה שם בית מרחץ גדול שפעם שימש לצרכיו של בעל האחוזה. מדי פעם היו מוציאים אותנו לבית השימוש , ואז החבר הזה פנה אלי ואמר : "סאשה, אם אתה צריך עכשיו לבית השימוש ולא תחזור, אז אני לא יודע מתי תהיה לך עוד הזדמנות לכך". הוא ,למעשה, נתן לי רמז לברוח וכך עשיתי. לא חזרתי מבית השימוש. השמירה היתה כל כך לקויה שאפשר היה להתחמק מבית הסוהר מבלי שמישהו ירגיש בכך. הכרתי אותו מלימודי בבית הספר הגבוה. הוא היה בן של חקלאי עני.

גם בין האינטליגנציה האוקראינית החלו להבין שמה שקורה זה לא לפי רוחם – לא כפי שהם תיארו לעצמם קודם. הם התאכזבו. זה היה בתחילתו של הכיבוש הגרמני, כשבאופן רשמי עדיין לא סגרו את היהודים בגטו. זה היה מקום קטן ונידח, לא מפותח וגם האוקראינים התחילו להרגיש את הקיפוח מצד הגרמנים. הם הרגישו שהגרמנים שולטים גם בהם די חזק. הבחור הזה - האוקראיני, היה נציונליסט עני שרצה כמו כל האוקראינים באוקראינה עצמאית. יחד עם זה, הוא היה מקורב ליהודים בסביבה במשך כל השנים. המשק שלהם היה לא רחוק מהמשק של סבא שלי וכאמור גם למדנו יחד במשך שנים בלבוב. אז עשיתי כדבריו. היות שהכרתי את המקומות בסביבה טוב, בדרך נכנסתי הביתה להפרד מהמשפחה והגעתי לכפר פולני אחד שקראו לו רודניה בוברובסקה . זה היה אחד הכפרים הפולנים שהיו מעברו השני של הנהר סלוץ׳. היה זה כפר מאוכלס ב"שלכטה" הפולנית, מן האצולה הישנה, שאנשיו היו קתולים, אבל דיברו אוקראינית וקצת פולנית .

בכפר הזה הכירו את בני המשפחה שלי. אבא שלי עבד שם הרבה שנים. אותי כמעט ולא הכירו חוץ מאנשים שהיו באים אלינו הביתה. למרות שהייתי בא בחודשי הקיץ הביתה. אבל קצת השתניתי. הייתי קצת בלונדיני, אז סיפרו

בסביבה שאני קרוב משפחה של אחד הפולנים, שבאתי מסביבות פוזנן, משם ברחתי עם פרוץ המלחמה. עוד ידעו עלי שאני מורה של אחד הילדים במשפחה פולנית שמלמד טוב פולנית, טבע ומתמטיקה.

כך הסתובבתי שם. בסביבה לא חיפשו אותי במיוחד. אחרי זמן מסויים גילו אותי. זה קרה כאשר באה לשם קבוצת יהודים ששלחו אותם לעבוד ביער ,וגם אני הייתי בא לעבוד ביער ועסקתי במיון עצים לתעשיה, מפני שהכרתי קצת את המקצוע הזה. זה היה בערך בחודש דצמבר ואני ברחתי באוקטובר 1941. בדצמבר התחלנו כבר לקבל ידיעות על "קשר" שאני צריך לקבל ל"אנשים מסויימים". למעשה על הקשרים האלה היה מדובר עוד כשהודיעו לי שהמרכז המחוזי של הקומסומול ברח ואחד האנשים הפוליטיים אמר בישיבה קטנה בלבוב שמי שישאר בסביבה צריך לדעת שתוך כמה חודשים הם יחזרו שוב, ושאם יבואו אנשים שלהם, יחפשו אותי ועוד כמה אנשים. כך שכאשר נמלטתי ליער זסקוצ'נסקי שבין ברזנה ללבוב, לא הייתה עדיין מחתרת מאורגנת באזור. למען האמת, אני ארגנתי אותה.

היינו קבוצה קטנה מברזנה: אני, יוסף גולוב, חילקה כהן ועוד אוקראיני אחר ששמו ואנקה שניידר. הוא היה אוקראיני, אבל שם המשפחה שלו היה שניידר...גם הוא היה מהשמאלנים עוד לפני המלחמה. נודע לנו בקבוצה שאנו צריכים לקבל קשר כדי להפגש עם פרטיזנים, או עם שליחים שיבואו מצד הצבא הרוסי, או מצד המוסדות הרוסיים. ברור שבברזנה את הקשר לא מצאנו, אבל כשהייתי ברודניה דוברובסקה, בסביבה היו גם חברי מירז'יק וגולוב. כל אחד היה במקום אחר, אבל היינו נפגשים ושמרנו על קשר כל הזמן. היינו נפגשים לפעמים ביער בין הכפרים, עד שיום אחד בא אחד מבין האוקראינים מכפר אחר ואמר שהיה פה איזה אדם לבוש במדי צבא ואמר שהוא ברח מהשבי הגרמני - הוא היה לוחם רוסי שנפל בשבי- ואמר שהוא מכיר אותי עוד מהלימודים והוא מחפש אותי. שאלתי מיהו ואיפה הוא נמצא , ואז האוקראיני אמר שמספיק שאני אדע שהוא מחפש אותי ולא יותר...

כעבור שבועיים הוא באמת הופיע . בא איזה ילד מהכפר רודניה בוברובסקה ואמר לי שיש פה בסביבה אדם שאמר שהוא ברח מהשבי וכל אותו הסיפור. בערב נפגשנו באיזשהו אופן ביער והוא סיפר לי שלמעשה הם קבוצת פרטיזנים שבאו מיערות פולסיה המזרחית שברוסיה הלבנה, והם אחרי קרב שניהלו נגד הגרמנים. הוא הוסיף שתוך חודש - חודשיים תופיע פה יחדת פרטיזנים. הוא לא אמר לי מי המפקד של אותה יחידה. הוא רק אמר שהם יבואו. ובינתיים אסור לנו לחזור לעיירה, למרות הוראת הגרמנים לכל היהודים לחזור לבתיהם. בינתיים הורו לנו גם לנסות להשיג נשק. לקחנו אותו מהיערנים. לעתים קרובות בכוח. זה היה בדצמבר 1941.

הוא לא הופיע במשך שלושה חודשים ולא שמענו ממנו שום דבר, כאילו נעלם לגמרי. כך לא ידענו אם הסיפור שהוא סיפר הוא נכון ואם יש לו בכלל קשר עם הפרטיזנים, אבל הקשר בינינו התחדש ביולי 1942. עד אז לא היה שום קשר ולא פעלנו בצורה מתואמת. אני הייתי מסתובב ביערות שבסביבה. העיירה שלנו עוד הייתה קיימת אז. ידעתי שלפעמים היו באים פועלים יהודים מהעיירה לעבוד ביערות, וגם יהודים מעיירות אחרות היו באים ליער לעבוד, ודרכם היה לנו קשר במשך זמן מסויים. גם אבי היה בא ליער שם הוא עבד, והייתי נפגש אתו, אבל קשר אחר לא היה לי. ידעתי רק מהסיפורים שהיו הורגים יהודים שלא נשמעו להוראות, אבל מקרים יותר חמורים לא היו או שלא שמעתי עליהם. היו אמנם כמה התקפות של האוקראינים המקומיים. היו מקרים של נסיון ביזה, כשאיזו קבוצה של אוקראינים ניסתה להכנס לעיירה, אבל מצד שני היו גם אוקראינים מכפרים אחרים שלא הסכימו שיפגעו ביהודים.

אני מכיר כפרים אלה שהיו דווקא מעבר לנהר סלוץ' מזרחה - אלה לא השתתפו בכלל בכל הפעולות נגד היהודים. האוקראינים מהכפרים שהיו קרובים למרכז ווהלין, יותר קרוב לפולסיה – הסתייגו מכל זה. הכפריים האלה לא נגעו בשום רכוש יהודי, לא נגעו ביהודים, לא ניסו אפילו להכנס לעיירה כדי לסחוב רכוש יהודי. הם באו לעיירה רק כדי לסחור, כלומר, הם מכרו דברי

מזון וקיבלו בתמורה בגדים ודברים אחרים שהיו ליהודים. אבל נסיונות של ביזה מצד הכפריים האחרים כמעט שלא היו.

סיפרו שבמקומות אחרים בווהלין יותר דרומה ויותר מערבה וגם בגליציה היו מקרים כאלה - שם היו מקרים של שוד וביזה מצד הכפריים, אבל בסביבה שלנו , כאמור,כמעט ולא היו.

ובקשר לקהילה היהודית ולהתחשבנויות שנותרו גם אחרי המלחמה :

סיפרו לי שהיו יהודים שבאו בטענות אל חברי ועד הקהילה למה שלחו את זה לעבודה ,ומדוע שולחים יהודי אחר לעבודה ולא שולחים את קרובי המשפחה שלהם. ברור שטענות אלה היו אופייניות למצב כזה ולזמנים הקשים. אי אפשר היה למנוע את זה.

היה מחנה עבודה בעיירה קוסטופול שאליו שלחו יהודים לעבודה .אז היו חוטפים אנשים ושולחים אותם לעבודה. ברור שאף אחד לא רצה לנסוע וניסה לשלוח את השני. את זה אפשר להבין. אני מספר זאת מפני שנודע לי שאחרי המלחמה, כאשר התחילו להגיע ארצה, היו כמה יהודים שניצלו מהשואה מהעיירה שלנו ברזנה, והם באו בטענות לחברי ועד הקהילה היהודית של ברזנה . אני הכרתי אותם ואני שולל את כל הטענות שהם העלו כלפי חברי הועד. ברור שאף אחד לא רצה לקבל את התפקיד להיות חבר במוסדות הקהילה תחת הכיבוש הנאצי מתוך תענוג. כל אחד רצה להמנע מקבלת תפקיד כזה ולא רצו לנצל את המעמד הזה – אבל מישהו הרי היה צריך להיות בקהילה.

למעשה ,באותם זמנים המטרה העיקרית היתה להשאר בחיים ולהציל את בני המשפחה ממוות ולעשות, כל אחד לפי יכולתו, הכל על מנת לקיים את המטרה הזאת. אף אחד לא נשאר בחיים על חשבון מישהו אחר. אם מישהו נשאר בחיים - הוא הצליח לא משום שהיה חכם יותר מאדם אחר, אלא משום שהיה לו יותר מזל משכל ,ואני מדגיש שכל הטענות האלה אחרי המלחמה -

זו קטנוניות. אני לא הייתי קשור איתם, הייתי רחוק מהם ומכל הדברים האלה. אבל הכרתי את האנשים ואני יודע שהם היו אנשים ישרים, טובים ולא פושעים שאפשר להאשים אותם. אי אפשר לדבר על שיתוף פעולה עם הגרמנים. אף אחד לא רצה להיום יושב ראש הקהילה, או מזכיר הקהילה, או להיות במשטרה היהודית בגטו. זה ברור שאם הוא לא היה היה ממלא את הפקודה של הגרמנים - היו הורגים אותו. הבן אדם הזה לא הרג אנשים, אלא אסף אנשים ושלח אותם לעבודה, ואם היו מקרים שאנשים שנשלחו למחנה עבודה נהרגו שם - זה לא היה באשמתו. היהודים היו נהרגים גם במקומות אחרים. היה מישהו שטען ששלחו לעבודה רק את העניים , ואת העשירים דווקא לא שלחו, אבל כל אחד שהיה חבר בקהילה היה צריך למלא את הפקודות, וכפי שהדגשתי , אי מילוי פקודות – פירושו היה עונש מוות. לכן המצב ברור. אם הוא היה בקהילה, הוא היה צריך לשתף פעולה והיה טעם בזה מפני שבעיירות שלנו אף אחד מחברי הקהילה לא קיבל פקודה מהגרמנים להרוג אנשים, או לשלוח אותם למחנות מוות. אמרו להם לשלוח אנשים למחנות עבודה - אז הם בתמימותם האמינו ששולחים לעבודה ולא יותר. אני מדגיש שאין לבוז לאנשים האלה - הם לא היו פושעים ולא היו משתפי פעולה עם הנאצים.

בתקופה שבין יוני לאוגוסט 1942, או קצת לפני זה, אולי באפריל - מאי, התחילה התנועה בין מזרח אוקראינה לבין מערב אוקראינה. במקומות שלנו במערב היכן שישבנו ,לא היו קולחוזים (עוד לא התחילו לארגן), אז מצבם הכלכלי של האיכרים לא היה גרוע במיוחד. אני לא אומר שכולם היו במצב טוב, אמנם הגרמנים דרשו מהם גרעינים, בשר וכל מיני דברים והיו בינהם חקלאים די עניים. מצד שני, בעבר השני של אוקראינה, בצד הסובייטי, שם היו רק קולחוזים. הגרמנים השתלטו על הקולחוזים האלה והם ידעו לסחוב מהם מה שרק רצו, כך שהאוכלוסיה היתה רעבה שם. והיו נוסעים ממזרח למערב כדי להשיג קמח לבן, גרעינים, חיטה ודברים אחרים. הם היו תמיד באים וקונים בכפרים שלנו.

באותה סביבה היו כפרים פולניים קתוליים שעוד נשארו. ישבתי פעם אצל חקלאי שאצלו גרתי ולימדתי באופן רשמי, ושם שמעתי סיפור מהצד השני, שבעיירה אולכסק מעבר לגבול חיסלו את כל היהודים ושהאוקראינים המקומיים שיתפו פעולה עם הגרמנים. הוא סיפר שאף יהודי לא נשאר בכל המקומות האלה. לא נתנו לאף אחד לצאת. הם היו קומוניסטים ועשו את כל הגזילה בזמן הקולקטיביזציה.

שם, במזרח אוקראינה, החלו החיסולים הראשונים של היהודים, מוקדם יותר מאשר בכל המקומות האחרים. מזה למדתי ששם הרקע לפעולות החיסול על ידי הגרמנים היה כאילו כבר מוכן. האוקראינים כל כך שנאו את היהודים, בגלל המצב הכלכלי הקשה ובגלל המוסדות הפוליטיים שבהם היו הרבה יהודים ששיתפו פעולה עם הסובייטים, ולמרות שלא כל היהודים היו מעורבים בזה - השנאה היתה גדולה ועמוקה. כך שהגרמנים, כנראה, לא חיכו הרבה זמן ואחרי תקופה קצרה מאוד חיסלו את כל היהודים תוך שיתוף פעולה מלא מצד האוקראינים המקומיים. לא היתה כל עזרה מצד האוקראינים ליהודים שניסו לברוח. אבל היו מקרים בפולסיה, באוקראינה המערבית ובליטא שבהם הכפריים המקומיים עזרו ליהודים, דבר שלא קרה באוקראינה המזרחית.

כאשר הבחין בעל הבית שאני שומע את השיחה, מיד הפסיק את הסיפור. אחר כך ניסיתי לשאול יותר פרטים ,והוא סיפר ש"קודם הם היו קומוניסטים בזמן השלטון הסובייטי, ועתה הם פרו אוקראינים לאומיים. לא כמונו, אנחנו עזרנו ליהודים מהעיירות שהסתובבו בסביבה."

# ביער עם הפרטיזנים

בחודש יוני היתה הפגישה השניה עם משלחת הסיור של הפרטיזנים. אז כבר בא אדם אחר - איזה גרוזיני. הוא ביקש שנתארגן. הודיעו לכל אחד לחוד. הודיעו לי, אחר כן לגולוב ואחר כך לסוליק -שאת שם משפחתו שכחתי. כולנו לקחנו כינויים מחתרתיים. לי קראו ״שורה״. האוקראיני לא הגיע לפגישה ההיא. הוא נשאר בבית .אחר כך הביאו אותנו למחנה סובייטי - שם התארגנה יחידת פרטיזנים סובייטית גדולה בפיקודו של הקולונל מדבידיב . זאת לא היתה היחידה של הגנרל מדבידיב - זה היה מדבידיב הרובנאי (שכתב אחר-כך ספר על הפרטיזנקה של רובנה). הוא היה איש מוסדות הביון הסובייטים ,מה-נ.ק.וו.ד. ,ששלחו אותו במטרה לארגן את התנועה הפרטיזנית הסובייטית באיזור רובנה - הוא לא היה המארגן של התנועה הפרטיזנית הלאומית. הם היו קבוצת פרטיזנים מעניינת , שכללה אנשי ביון סובייטים לצד פולנים, קומוניסטים אוקראינים, ספרדים, יהודים, שמשימתם היתה לחבל במוסדות ובבסיסים הגרמניים. בקבוצה הזאת השתתף קצין שהוטל עליו לנסות לחסל את ה״רייכס-קומיסר״ של אוקראינה קוך. שהיה, למעשה, גרמני מן הגרמנים המקומיים מאיזור נהר הוולגה. נפגשתי איתו. זה היה בבוקר, אחרי שהתעוררתי מהשינה, אחרי שבלילה הראשון לנתי בבסיס שלהם. בהתחלה, כאשר התעוררתי היתה לי הרגשה מוזרה, לא טובה, וחששתי שלמעשה רימו אותי, שהרי אני הצטרפתי לקבוצה של פרטיזנים סובייטיים, ופה אני נפגש עם גרמני. אבל תיכף התאוששתי. הוא שאל אותי איך אני שולט בגרמנית. הגרמנית שלו היתה מצויינת. הוא התלבש בדיוק כמו גרמני עם האקדחים מצד ימין, כמו שהגרמנים היו נוהגים לעשות ,והשיחה

אתו היתה ענינית. הוא סיפר לי שהוא יפעל כ"שתול" בין הגרמנים. הוא התכוון לצאת לרובנו ולספר סיפור בדוי שהוא אציל גרמני ושיש לו שם משפחה. היה שם גם כומר אוקראיני שהיה קומוניסט, אבל התלבש ככומר וגם הוא נכלל בקבוצה.

בקבוצה הזאת היו לוחמים מובחרים שתפקידם היה לחדור למוסדות הגרמניים, או לאוקראיניים, ולפעול שם מבפנים.

אני צורפתי לקבוצה הזאת. כעבור שבוע ימים, כבר נפגשתי עם חברים אחרים, וגם עם גולוב. בהתחלה התפקיד שהטילו עלי היה לחפש אנשי קשר בין האוקראינים המקומיים. איש הקשר הראשון שלי היה האוקראיני שניידר, שאותו הזכרתי כבר קודם. הוא היה מברזנה ובאחד הלילות נפגשתי אתו ויצרנו אתו את הקשר. ידענו שהגרמנים יחפשו אותו. אחרי כן נסעתי מטעמם גם לרובנה, ללבוב ויצרתי קשר עם אחד שהיה בין הקומוניסטים, בזמן שאנחנו למדנו בתיכון ברובנה ואחר כך בבית הספר הגבוה בלבוב. אחר כך מצאתי אוקראיני אחר. כדי לארגן איש קשר בלבוב חיפשנו עוד מישהו שהיה בין השמאלנים הקומוניסטים האוקראינים. יכול להיות שהוא ידע עלינו ולא רצה להתקשר יותר והקשר הזה נגמר. סוף סוף הייתי יהודי והיה מסוכן עבורי להסתובב. אבל הם גם לא רצו לסכן אותי וגם היו מעונינים שאפגש עם אנשים שהכירו אותי. בתקופה הזאת ישבנו ביער ולימדו אותי איך להשתמש בחומרי חבלה, אין להפעיל את חומרי הנפץ, להתאמן עם נשק שהביאו לנו. אבל בפעולות לא שיתפו אותנו כנראה משום שהזמן עוד לא היה מתאים לזה. הם היו צריכים להתכונן ולהתארגן כמו שצריך. הם עצמם היו קופצים מזמן לזמן לאיזה מקום ועושים פעולה. אפילו לא ידענו איזה פעולות. כמה פעמים לקחו אותי אתם כדי למצוא את אנשי הקשר.

בהתחלת חודש ספטמבר 1942 בא שליח מהפרטיזנים וסיפר לי שבאיזור הזה הכניסו כבר את היהודים לגיטאות סגורים, או חצי סגורים. אז כבר היתה המגמה של הגרמנים לאסוף את היהודים מכל המקומות הקטנים

למקומות מרכזיים. הם לקחו את כל היהודים שעבדו ביערות ובכפרים בסביבה מטעם הגרמנים. הם דרשו שיאספו אותם העירה וכבר היה ידוע לאיזו מטרה הם עושים זאת, מפני שידענו מה שקרה ברובנה, ידענו גם מה שקרה עם היהודים בערים אחרות ובמזרח אוקראינה. אחר כך נודע לי שבברזנה בספטמבר - נדמה לי שב-9 בספטמבר -בא אחד ואמר שאתמול חיסלו את כל הגטו וגם בהרבה מקומות אחרים חיסלו את הגיטאות.

אנחנו פנינו אז שלשתנו למפקד בשאלה מה אפשר לעשות עם היהודים שברחו בזמן החיסול ושמסתובבים ביערות ובכפרים בסביבה. הוא אמר שהוא הודיע למקומיים שמי שברח יכול להצטרף. בין אלה שהסתובבו שם היה גם יהודי קומוניסט שלחם בצד הקומוניסטים במלחמת האזרחים בספרד. בכל אופן המפקד היה די פתוח לבקשתנו לעזור ליהודים. אז יצאנו, שנים מאתנו, לסיור ביערות ובכפרים ואספנו קבוצת יהודים שניצלו מההרג בגיטאות. אחרים הגיעו אלינו בכוחות עצמם וסיפרו על כל הזוועות שעברו עליהם. סיפרו שהם חפרו בור על יד העיירה, ואז הוציאו את כל היהודים קבוצות קבוצות על יד הבורות וירו בהם. לפעמים השתתפו בטבח גם אוקראינים מקומיים - היו כאלה שגזלו את רכוש היהודים, אבל בכפרים ממזרח לנהר סלוץ׳ .האוקראינים שם לא השתתפו, להיפך, אלה שברחו אליהם מהעיירה, כולם ניצלו.

בקבוצה שהגיעה אלינו היו אנשי קורץ, וגם יהודים מברזנה. אחרי כן הגיעו יהודים מרובנה שברחו, לכן התאספה קבוצה די גדולה של יהודים. בהתחלה מדבידיב חשב איך לקבל את כולם לפרטיזנים, מפני שקבוצה זו היתה די גדולה. בנוסף לה היתה קבוצה אזרחית ולא לוחמת שהיתה תחת חסותם של הפרטיזנים. היתה הצעה לשלוח את הילדים ואחרים במטוס למוסקבה, אז קראו לזה ״ליבשת הגדולה״, בפנים רוסיה. ובאמת - הגיע מטוס אחד ואספנו קבוצת אנשים שרצינו לשלוח אותם לעבר השני של החזית - ביניהם היה יהודי אחד מהעיירה שלי, מבוגר. רצינו שהוא יספר ברוסיה מה שקרה אצלנו. היה זה מטוס קל. קראו לו ״קוקורוזניק״. הוא נחת אבל משהו

התקלקל. רצו לשרוף אותו, כי אי אפשר היה להפעיל אותו. את האנשים שרצינו לשלוח במטוס, החליט המפקד שהוא ישלח צפונה מפני שביערות בריינסק ברוסיה המזרחית , כך סיפרו , יש הרבה פרטיזנים שלמעשה שולטים על היערות ומי שאין לו תפקיד מוגדר אפשר להעביר אותו לשם.

הוא אסף את היהודים, מינה עליהם מפקד ששמו היה זייד. אני לא יודע אם כדאי להזכיר את השם הזה. יש לי כמה וכמה טענות כלפי האיש הזה. הוא, אגב, נשאר בחיים. היה לי באותו זמן ריב עם הקומיסר שהיה אנטישמי. מישהו הזכיר כבר את שמי, היות שעד אז לא חשבו שאני יהודי, לא היה לי מראה של יהודי, ידעתי לרכב על סוסים, היה לי גם ידע בענינים צבאיים, מפני שכל אחד שגמר בית ספר גבוה היה גם קצין במילואים, ולמעשה גם את השרות הצבאי עברתי . בתקופה מסויימת החליט הקומיסר שכל היהודים שהיו בקבוצה , לא ישתתפו בפעולות קרביות-אלא יועסקו בעבודות שירות שונות. אני התנגדתי לקו הזה ולגישה שלו ואמרתי לו : ״אני נשארתי אחד ממשפחתי (זה היה כבר אחרי שידעתי שכל משפחתי נספתה והגרמנים רצחו אותם) ואינני רואה טעם בזה שאשמור על חיי״. בגלל זה התנגדתי לגישה שלו שעל היהודים צריכים לשמור. כי הוא הסביר שהוא רוצה לשמור על חייהם. אמרתי לו שכל מי רוצה לצאת לפעולות קרביות – צריכים לאפשר לו זאת, אי אפשר להכריח אנשים לעבוד רק בשירותים.

בגלל זה שחררו אותי מהמשרה של קצין מודיעין השדה. ושלחו אותי לעבוד באגף המשק של הפלוגה, למרות התנגדותי.

אני רוצה לציין שהיהודים שנשלחו עם זייד, נשלחו במצב טוב, עם עגלות וצידה לדרך, נתנו להם קמח, בשר, גם מספר רובים עם תחמושת, ונתנו הוראה לאנשים שיעבירו אותם לפסי הרכבת. אפשר להגיד שכל הארגון של העברת היהודים צפונה היה אקט הומני בהחלט, מתוך גישה אוהדת. אי אפשר היה לשמור עליהם פה כיוון שהפרטיזנים היו כל הזמן בפעולה ויכול היה

להיווצר מצב של צורך לברוח מכאן. וביערות ההם יש גם קבוצות פרטיזנים ושם יוכלו היהודים לחיות בשקט. אבל אפשר לומר גם שהם נשלחו אל גורלם.

הצטרפנו לקבוצה הזאת ב-1942, אולי זה היה כבר דצמבר, בכל אופן בתחילת החורף. עוד לא היה שלג עמוק, אבל היה כבר די קר. הצרה היתה שהמפקד הזה, זייד, אכזב מאד. כאשר נפרדנו מהקבוצה הסובייטית שלהם - היו אתנו כמאה יהודים, נשים וטף וזקנים, ולא כולם היו במצב בריאות תקין, ובאמת היו הרבה פיות להאכיל. מהאנשים האלה אי אפשר היה לבחור אפילו מעטים לכוח, וברור שההליכה הזאת צפונה היתה סיכון גדול והחבורה סביב המפקד לא רצתה, כנראה, להסתכן. אז כעבור שלושה-ארבעה ימים נעלמו האנשים הללו עם האוכל והנשק שקיבלו -והשאירו קבוצה בלי נשק ועם ילדים, נשים וזקנים. אנחנו, הלוחמים שנותרו, היינו מעטים מאד.

# הגרמנים חשבו שמדובר בגדוד שלם

למקום המפגש שלנו הגיעה קבוצת אנשים שברחה מגטו קורץ וביניהם אחד בשם מישה גינדלמן. הוא בא עם קבוצה של שמונה בחורים מקורץ וגם עם שתי בחורות או שלוש. למעשה הוא הגיע קודם למדבידיב, אבל שם אמרו לו שהקבוצה שלנו עברה צפונה. כשהוא הגיע נשארנו ,למעשה, בקבוצה קטנה שגם חלק ממנה ברח. נשארנו בקבוצה אני ועוד אחד, מישה קוץ , קרוב משפחה שאחר כך נעלם, היה חנן גרושקה מברזנה, גולוב כבר עזב אותנו וגם סירז׳יק עזב. הם החליטו לא ללכת צפונה עם הקבוצה מפני שהם היו קשורים לאנשים מקומיים. הם אמרו : אם כבר לעבור ״סתם״ את ימי המלחמה — אז מוטב שהם יעברו בסביבה שהם מכירים אותה ושהאנשים שם מכירים אותם.

כאשר הגיעה הקבוצה של ״דיאדיה מישה״ החלטנו, היות שנשארנו לבד ולא נשארו אצלנו כמעט אנשים - שמוטב להתאחד ולהגדיל את כוחנו. רצינו להקים קבוצה שתפעל באופן עצמאי. החזרנו את האנשים הבלתי כשרים לפעולות - את הזקנים והנשים שרצו להשאר במקום. אחר כך באו אנשים מברזנה, מלודביפול, מקורץ .התאספו גם אלה שמידבידיב אישר להם להישאר באיזה מקום ביער ושם שמרו עליהם. כולם הכירו את הסביבה, את האוקראינים המקומיים, את הפולנים המקומיים ,החקלאים שאצלם חלק מהקבוצה השאיר חפצים לפני כן. ביחידה שלנו שהתקשרה עם הקבוצה של יוצאי קורץ סיכמנו שנבחר הנהגה. הכרזנו על עצמנו כעל קבוצת ביון שדה שמאחוריה נע כח גדול - ארמיה עצומה, אמרנו שהכח הזה נמצא אי שם ביער ,במחנה ,ואנו באנו לאסוף מידע מודיעיני על האויב וכו׳. כך פעלנו תקופה מסויימת ולמעשה היינו לא יותר מעשרה אנשים. הנשק שהיה לנו היה נשק

סטנדרטי , שלקחו מאתנו כאשר הגענו לפרטיזנים. לקחנו אותו חזרה. ברור שהאנשים בסביבה בה פעלנו לא ידעו שאנחנו יהודים, והיה קצת מוזר שאצלנו היו אנשים שלא דיברו רוסית ולא אוקראינית. הייה אצלנו, למשל, אדם ששמו סולייקו, אחד מהפליטים היהודיים מפולין והוא דיבר רק פולנית.

אנו המקומיים ידענו כמובן רוסית. ראינו שמישה גינדלמן הוא בעל הידע הטוב ביותר ברוסית בינינו - קראו לו "דיאדיה מישה" - הוא היה גם המבוגר ביותר בינינו בדרג קפיטן, אז החלטנו שהוא יהיה המפקד שלנו ואני שהייתי איש מודיעין מקצועי מבחינה צבאית - הייתי קצין המבצעים, או אפשר לומר – קצין מטה, הראש. "דיאדיה מישה" כתב את כל הכרוזים שלנו. היינו מחלקים כרוזים בסביבה בין הכפריים. היינו שמונה גברים ושתי נשים.

חברי הקבוצה היו : אני, מישה גינדלמן, בנו של מישה שמחה גינדלמן (שמתגורר בחולון) היה עוד בחור בשם חנן גרושפלד, גרושקה או גרושה (שם המשפחה המדוייק שלו אינו ידוע לי) הוא היה יליד העיירה קורץ, היה עוד פליט אחר שברח ממרכז פולין ששמו מריאן זיידלמן (או זיידנברג) הוא עכשו בצרפת. הנשים היו : דבורה קלר ילידת העיירה ברזנה וחיה זילברברג גם היא מברזנה .

גם שתיהן נשארו בחיים . אחת גרה בתל - אביב ומגדלת את הנכדים שלה והשניה גרה בחיפה. למעשה הבחורות לא היו אתנו כל הזמן. בסוף הן עזבו אותנו.

פעלנו בהתאם לכוחות ולאפשרויות שלנו. לא יכולנו לבצע מבצעים גדולים ומיוחדים ,אבל אסור היה לנו לשבת באפס מעשה ולא לעשות כלום.

בסביבה שלנו כבר התחילה לפעול חטיבת הפרטיזנים הגדולה של הגנרל קולפאק והשמועות על כך הגיעו גם אלינו. ברור שתיכף אימצנו את הרעיון והחתלנו לספר סיפורים לאנשים שאנחנו פרטיזנים ששייכים ליחידתו של קולפאק (זאת למרות שלא הכרנו אותם בכלל ולא ידענו מיהם).

יצאנו לפעולות. ראשונה הייתה סעולת ראווה בשיתוף תושבים מקומיים. נרסנו חוות דגים שהגרמנים השתלטנו עליה. ניטרלנו את השומרים והאכרים סיפרו אחר- כך לגרמנים שהייתה כאן קבוצת פרטיזנים גדולה. כך המשכנו. הרסנו משקים של משתפי פעולה עם גרמנים, פוצצנו תחנות קמח, הצבנו מארבים במקומות שונים לגרמנים שנעו בסביבה. הרסגו גם כמה עמדות צבא. משומרי היערות השגנו מפות של הסביבה - וזה פחות או יותר מה שיכולנו לעשות בכוחנו. ניסינו לצרף עוד לוחמים. מצאנו פולני שהיה מהקצינים הפולניים שנשארו , ואנחנו הכרנו אותו והכרחנו אותו לעבור לפרטיזנים. אחר כך כאשר התקרבו היחידות הגדולות של הפרטיזנים יצרנו קשר איתן. מצאנו עוד איזה בחור יהודי מסביבת דוידגרודק בפולסיה, שהגיע אלינו בכוחות עצמו. אבל אחר כך הוא נהרג בנסיבות שאספר עליהן.

כך זה נמשך עד החורף. בינואר 1943 האוקראינים התחילו להתאכזב מהגרמנים. הם התחילו להתארגן בקבוצות פרטיזניות אוקראיניות. הם, בתור לאומנים ,התחילו לפעול נגד הגרמנים. וזה הקל גם על הפעולות שלנו.

כשהתחיל החורף ואנחנו היינו בסביבות העיירה ויסוצק, כמובן ,בחורף אתה הולך בשלג ונשארים עקבות. דרך הביצות בפולסיה אי אפשר היה לעבור בחורף. יום אחד החלטנו שאנחנו זזים מהמקום שבו אנחנו נמצאים. אספנו מזון, כמה פרות, כדי שנוכל לשבת זמן מה בסביבות ויסוצק, ובאמת התארגנו כך שיכולנו לשבת שם בשקט כמה שבועות. שמענו שהרבה קבוצות פרטיזנים גדולות, חיילים או קוזקים מסתובבים בסביבה והם יכולים לאגף אותנו ואז המצב באמת מסוכן. בסביבה שלנו, ביערות שם היינו והסתובבנו פגשנו גם קבוצת פרטיזנים סובייטית. הם היו למעשה אנשי צבא רוסיים שברחו מהשבי הגרמני והם היוו את הגרעין החזק של הפרטיזנקה הסובייטית באיזור שלנו. אלה היו אנשים מושחתים - בלי כל מוסר, שאצלם להרוג ולרצוח בן אדם - זה משחק. הם שדדו, אנסו בחורות ואצלם הכל היה הפקר. למפקד שלהם קראו סאשה מאיור. הוא היה איש צבא בעל דרגה גבוהה. הם לא ידעו שאנחנו יהודים, אבל ידעו שאנו פרטיזנים. היה ביניהם בחור יהודי אחד. התחברנו

איתם והם קיבלו למעשה באופן רשמי את הפיקוד המבצעי, אבל ראינו שהם בכלל לא מעוניינים לעשות מבצעים. הם פשוט רצו להעביר את הזמן, לשתות וודקה, לתפוס בחורות מזמן לזמן וכו׳. אבל הם ידעו שממחנה השבויים צריכים לברוח כי הם ידעו היטב מה עשו הגרמנים לשבויים רוסיים. התארגנו, העמדנו משמרות לפי פעילות צבאית, אבל אז קרה ארוע מאוד טרגי. סשקה, הפרטיזן היהודי בן השש עשרה מדוידגרודק יצא פעם לאסוף מזון ובזמן המשימה הזאת נרדם. אחרי שהוא חזר באיחור ,הורה המפקד הרוסי להוציא אותו להורג והם אכן הרגו אותו. הדבר הזה כאב לנו מאוד. ראינו בזה אקט אנטישמי מובהק. בסך הכל אם אפילו הוא נרדם - המקום הזה לא היה כל כך מסוכן ,ושנית היתה לנו תחושה ברורה שהוציאו אותו להורג בגלל היותו יהודי. החיים של היהודים היו הפקר, כך שלהוציא יהודי להורג – זה לא היה דבר גדול.

ראינו שאיתם לא נוכל להמשיך הלאה ואמרנו כבר שבהזדמנות הראשונה נעזוב אותם ונסתלק. אבל לפני שהודענו להם, יצאנו לעשות עוד פעולה, שיש לי ממנה זכרון של ריח שאינו מרפה .

יצאנו שלושה- אני, הבן של מישה גינדלמן ומאריאן -בכיוון הכפר סטרה סילו. כאשר היינו כעשרים קילומטרים מהכפר הזה עלה בנחירינו ריח בשר. בשבילנו היה זה ריח מוכר. חשבנו שיש פה איזה מקום שבו חונים אנשים, או קבוצת פרטיזנים. הלכנו בשקט כדי למצוא את המקום. לפי הריח מצאנו את המקום שמישהו היה בו, אבל ריח הבשר לא היה ממקום החניה. אנחנו כבר הכרנו את כל המקומות ,את השבילים ביערות, הקרח כבר התחיל להפשיר והריח משך אותנו לכיוון הכפר. כאשר היינו באים לכפר הזה, הכלבים ביערות היו תיכף מרגישים בנו ומיד מתחילים לנבוח. הכפר הזה היה מוכר לנו, למרות שהיה די רחוק מכל כוח גרמני. דנו מה לעשות בנידון. אני הייתי מפקד הקבוצה ואמרתי שאנו לא נלך ישר לכפר. ידענו שיש שם בתים מבודדים שקראו להם ״כוטורים״, היו אלה משקים חקלאיים שלא היו בתחום הכפר, אלא בסביבה – הם היו מפוזרים ברדיוס די גדול, באמצע השדות, לכן הם היו

מבודדים מן הכפר. בכל כפר היו אנשים שיצאו מתוכו לכיוון ה"כוטורים". הגענו לאחד מהם וכאשר נכנסנו פנימה מצאנו שהכוטור מלא אנשים. כאשר התקרבנו אליהם, הם התחילו לקלל אותנו : "מה אתם באים, בגללכם קרה אסון". שאלנו איזה אסון ,ואז הם סיפרו שיומיים לפני שהגענו אליהם, הגיעה קבוצה גדולה של ס.ס. גרמנים, העירו את כל הכפר, אספו את האנשים ואמרו להם : "היות שהפרטיזנים (כלומר אנחנו) מקבלים מכם מזון – אנחנו מחסלים את הכפר הזה ,ואתם איספו כל אחד לפי יכולתו את חפציכם ואנחנו נעביר אתכם לעיירה ויסוצק". האנשים מהכפר התחילו להתארגן ולאסוף כל מיני חפצים ומזון. במקביל באה קבוצה שניה של אנשי ס.ס. שהלכה מבית לבית וראתה מה שאנשים אוספים – ואז ירו בהם. מי שהספיק לברוח – ברח ,ואת יתר האנשים חיסלו, גם את כומר הכפר. זה היה זוועתי. את הבתים שרפו וגם את גופות החללים שהיו בתוכם. זה היה ריח הבשר שהגיע לאפינו מרחוק. מה שהיה מוזר , זה שבכפר הזה היו כעשרה צעירים ששירתו במשטרה הגרמנית ואנחנו ידענו על זה והכרנו את הוריהם. דווקא מהם לקחנו תמיד הרבה דברים בגלל שבניהם שירתו אצל הגרמנים. וגם הם לא הצליחו להציל את בני הכפר מנקמת הס.ס.

חזרנו לבסיס וסיפרנו מה שראינו ושמענו. אמרנו שאנחנו יכולים כבר לזוז מהמקומות הללו מפני שהשלגים התחילו להפשיר. אז קרה הארוע השני של הוצאה להורג. יצאנו לסיור כי דווחו על קבוצה שהגיע לאזור. היו אלה, כך התברר אחר-כך, אנשי הגנרל קולפאק, אבל אנונו חשדנו שמדובר בכנופית קוזקים. כשחזרנו נודע לנו שבינתיים מישהו נוסף מהפרטיזנים נרדם בשמירה וזה היה גרושקה, הבחור מברזנה. כאשר חזרה הקבוצה השניה לפנינו הוא נרדם. כאשר התעורר ידע מה צפוי לו והתחיל לברוח. אחד מהקבוצה הרוסית רדף אחריו, השיג אותו וירה בו. היורה לא הואשם בשום דבר, מפני שהנימוק שלו היה שאם הגרמנים היו תופסים את הנמלט היו מוציאים ממנו דברים סודיים.

כאן החלטנו שאנחנו לא ממשיכים איתם ואמרנו להם שאנו נפרדים מהם וכל אחד ילך לדרכו . אמרנו לעצמנו שהם אנשים לא לפי רוחנו ולא לפי הרמה שלנו. הם ידעו שאנחנו יהודים ולא היו כל כך מעוניינים שנשאר אתם. כך נפרדנו מהם.

פה המקום להדגיש ששתי הבחורות היהודיות שלנו לא הצטרפו אלינו אלא נשארו איתם ...אולי חשבו שאצלם בטוח יותר ושם יישארו בחיים. זו היתה בחירתן. כך נשארנו שמונה יהודים. למעשה לא פעלנו כבר בנפרד הרבה זמן, ובינתיים הגיעה שמועה שאיזו קבוצה של קוזקים מחפשת אותנו. העדפנו להתרחק. פעם אחת חזרנו ומצאנו סימנים שמישהו היה אצלנו בבסיס בתוך היער. לקחו את כל מלאי המזון שלנו : קמח , בשר. הכל ,והשאירו פתק ברוסית : "אנחנו מודים לכם על המזון שהשארתם לנו, אבל מדוע אתם בורחים" עד שיום אחד אנחנו מתקרבים לאיזה כפר ומודיעים לנו שלפה נכנסה קבוצה של קוזקים, או פרטיזנים. הם עשו רושם רב, נסעו על עגלות, מזחלות עם ציוד שמשכו סוסים. היו ביניהם אנשים שלבשו מדים עם סרטים אדומים על הכובע. לא ידענו מי הם. אני והבן של מישה גינדלמן נגשנו ביחד והתקרבנו למקום בו התחיל הכפר בסביבות ויטבסק. כאשר הגענו די קרוב - שמענו את השיחה ביניהם (הם לא ראו אותנו). אחד פנה לשני : "טובריש", כשהם נותנים פקודות, ומדברים ביניהם, אחד שואל : "איפה הפוליטרוק ?" . הבנתי שפה נמצאים סובייטים.

ניגשנו אליהם ואמרנו שאנחנו רוצים לדבר עם המפקד, אז הם שאלו איזה מפקד ? אמרנו שעם המפקד שלהם. הם ענו שיש להם מפקד מחלקה, מפקד פלוגה, מפקד גדוד...אמרנו שאנו מבקשים לדבר עם המפקד הראשי של המחנה. אז הם אמרו שהמפקד של כל היחידה הוא סבורוב . הסתבר שזאת הייתה חטיבת הפרטיזנים של הגנרל סבורוב שלפני המלחמה היה מזכיר המפלגה בדרום אוקראינה. הוא עבר הנה ממזרח אוקראינה עם קבוצת פרטיזנים. אחר כך הוא התאחד עם הפרטיזנים של הגנרל קולפאק.

הביאו אותנו אליו לשיחה. קודם כל שאלו אותנו אנשי הבטחון מי אנחנו, כי הם שמעו שפה פועלת קבוצת פרטיזנים מקומית והם מחפשים אחריה ,אבל הם בורחים. אמרתי להם: "כל הקבוצה של המפקד "דיאדיה מישה" מונה 10 איש וכנראה חושבים שפה פועלת דיביזיה של פרטיזנים. אנחנו פה קשורים לאנשים מקומיים שעוזרים לנו. אנחנו מחלקים עלונים וכרוזים ועשינו רעש גדול. ומה שפעלנו - פעלנו. זה כל מה שיכולנו לעשות."

ראיתי שהגנרל סבורוב קצת התאכזב, אבל מצד שני הוא קיבל אותנו במאור פנים ואמר: "חברה, פעלתם יפה!" העובדה שהקמנו רעש גדול ושכל האזור הכיר אותנו ודיבר עלינו -עשתה עליו רושם... אז הוא אמר לנו שאנו נשאר אתם והוא רוצה לחלק אותנו לקבוצות שונות. : "אתם תשארו אתנו ואני רוצה לחלק אתכם בין כל הקבוצות שבמחנה... אני לא רוצה שפה תהיה איזה קבוצה פרטיזנית יהודית נפרדת ... אנחנו נוכל לעזור לכם וכו'... אני כבר אודיע למפקדה שלנו, שקבוצת הפרטיזנים המקומית הצטרפה אלי"...

זו היתה, למעשה, הקבוצה פארטיזנית שמדבידיב בזמנו שלח אותה אלינו. הם היו די רחוקים מאתנו וזו היתה למעשה הקבוצה הפרטיזנית הראשונה שנפגשנו אתה.

# היה קל כל כך להוציא יהודי להורג

בינתיים נודע לנו שבמקומות שבהם הייתי קודם לכן אצל מדבידיב יצאו שמועות, שאנחנו ברחנו וש"מדבידיב מחפש את קורץ". השמועות אמרו שאני כאילו ברחתי עם קבוצתי ,ולא עזבתי עם האנשים ,ואם יתפסו אותי, אז הוא יעמיד אותי לדין. את השמועות האלה הפיצו אלה שברחו קודם.

כדאי לציין שעוד בהתחלה אחד מהקבוצה היהודית שעזב את מדבידיב- פרטיזן יהודי, שהשאיר אצל איזה אוקראיני, או פולני בסביבה ,זהב -הלך אליו עם הרובה שלו ודרש שיתן לו את הזהב בחזרה והוא קיבל אותו. אבל הם דרשו שאת כל הזהב שהיהודים השאירו אצל המקומיים יש להחזיר למפקדה הפרטיזנית.

אם היהודי הזה כן חשב להחזיר את הזהב למפקדה, או לא חשב להחזיר - זה לא הוכח. אבל בינתיים נודע לאנשי הקבוצה שליוו אותנו שאת היהודי הזה כבר הוציאו להורג, מבלי שיבררו את פשעיו, לא חקרו ביסודיות את מעשיו, ומבלי שיתנו להיהודי הזה להוכיח את ההיפך ממה שהאשימו אותו בו - הוא כבר לא היה בחיים. אני מדגיש את הסיפור הזה כדי להראות שבאותם הזמנים היה קל כל כך להוציא יהודי להורג – הספיקה האשמה כלשהי והם כבר נתנו את הדין ... וכך היה כל הזמן.

היו עוד כמה סיפורים שרציתי לספר בהקשר זה. למשל, נודע לי כבר אחרי שחזרתי לרובנה, שהביאו למדבידיב את מי שהיה פעם לפני המלחמה מפקד בית"ר בלוצק ובזמן הגטו הוא היה מפקד המשטרה היהודית בגטו

לוצק. אז לפי תפיסתם הקומוניסטית, אם הוא היה מפקד הגטו אז בוודאי שיתף פעולה עם הגרמנים, ואז הוציאו גם אותו להורג...

היה מקרה שאיזה יהודי ברח מהשבי הגרמני והצליח להגיע ליערות לפרטיזנים – ומבחינתם אם הוא ברח מהשבי, זאת אומרת שהוא הצליח לברוח – סימן שהגרמנים נתנו לו משימה להשתלב בין הפרטיזנים ולרגל בשבילם. הם לא הבינו אחרת, שהשבוי היהודי הצליח להתחמק מהמשימה וברח – אז גם אותו הוציאו להורג. כל הדברים האלה, כל העובדות המחרידות הללו הוכיחו לנו שעם היהודים נוהגים אחרת... וכל זה הצטבר. כשדברנו אחר-כך עם סבורוב , סיפרנו לו את הדברים האלה, ושאלנו אם הוא ידע או לא. הוא אמר לנו : "כן שמעתי על זה". הוא היה איש הגון, די מוסרי .הוא היה אחד הקומוניסטים הוותיקים במפלגה. בן אדם שאפשר לסמוך עליו. סיפרנו לו הכל. ואז הוא ענה לנו : - "בגלל זה אינני רוצה שתהיה אצלי קבוצת פרטיזנים יהודית נפרדת". יש בינינו אנשים שונים ובין אלה יש גם אנטישמיים, אנחנו לא הרבה זמן אחרי המהפכה הסוציאליסטית ועוד לא הספקנו להרוס את כל הדברים השליליים בחברה הסובייטית ואת האנטישמיות שאותה ירשנו מרוסיה הצארית. לא הצלחנו בזמן הקצר שאחרי המהפכה להפטר מכל הקשיים שיש לנו במדינה שלנו, זה לא כל כך קל... עוד לא הספקנו...". והוא הסביר מניין , לדעתו, נובעת האנטישמיות אצל אנשים שונים. לדבריו, היהודים הסתדרו תמיד יותר טוב מאחרים בחברה הסובייטית ולכן יש שנאה כלפי היהודים ומצבים שבהם דם היהודי הוא הפקר, טבעי שכל אחד רוצה לנצל את זה...

הוא חילק אותנו לקבוצות שונות במחנה ולמעשה הקבוצה של "דיאדייה מישה" התפצלה והפסיקה להתקיים כקבוצה נפרדת. אותי הוא שלח לגדוד המודיעין השלישי ומוניתי כמקשר בין הגדוד השלישי ל"שטאב" שלנו, כלומר עם המטה של היחידה של סבורוב. הוא לקח בחשבון שהכרתי את המקום והייתי גם קצין עם הידע הצבאי המתאים. אבל איתם לא פעלתי הרבה זמן, מפני שהחליטו אז לנוע דרומה ולחלק את הכוח לקבוצות שונות. קולפאק

הלך דרומה — להרי הקרפטים והוא לקח עמו קבוצות שהיו כשירות לפעולות פרטיזניות שונות. הוא השתדל לא לקחת יהודים , מפני שהוא הלך בתוך טריטוריה אוקראינית ו"האוקראינים , הסביר , " הם אנטישמים ולא סובלים יהודים והופעתם יכלה לעורר תחושות לא טובות , מה שהיה יכול להזיק לפרטיזנים ... "

את הפרטיזנים היהודים הוא חילק ביחידות המקומיות שסבורוב היה המפקד שלהן, והם התחילו להתארגן בקבוצות שהיו קשורות למחוזות לפי החלוקה הפוליטית שהיתה לפני המלחמה, לאזורים כמו פולסיה. כלומר: פינסקאים, רובנאים וכו'. וכך התחילו לארגן מחדש את החיים הפוליטיים, לארגן מפלגה מחתרתית, קומסומול מחתרתי וקבוצות מחתרתיות שונות שיפעלו בכל עיירה ועיר.

# מפקד ומזכיר הקומסומול

אנחנו נמצאנו בין העיירות ויסוצק וסרניקי. העיירה סרניקי היתה קודם עיירה יהודית טיפוסית קטנה, לא רחוק מפינסק ,וכשהגרמנים נאלצו לעזוב אותה, שלחו אותי להיות שם המפקד המקומי וגם המזכיר המחוזי של הקומסומול המחתרתי. העמידו אז כמה חיילים חמושים לרשותי ,והייתי צריך לעתים קרובות גם לספר את הסיפורים החדשים על המצב בחזיתות, על ההתקדמות של הצבא האדום, על המצב בשטחים הכבושים, מה קורה שם, מה הגרמנים עושים לאוקראינים. את הסיפורים האלה היינו מקבלים מהצבא. למעשה הייתי שם המושל הצבאי המקומי והיו לי סמכויות נרחבות .

בין הסיפורים שסיפרתי להם היה זה על הטבח בכפר סטרויה - סילו ,וזה גרם לכך שהרבה נוער מקומי התחיל להתקרב לפרטיזנים. גם הבנים של הקבוצה הזאת שהיתה בכפר סטרויה - סילו, וגם ה"לבנים" בסרניקי, שהיו קודם קשורים עם המשטרה הגרמנית - גם הם באו אלינו. הם היו אוקראינים נציונליסטים, בילורוסים נציונליסטים, ועכשיו הם התאכזבו מהגרמנים... קבלנו אותם לשורותינו, זו היתה הגישה של סבורוב למקומיים, חוץ ממקרים יוצאי דופן, כמובן. סיפורים כאלה סיפרתי להם הרבה, וזה השפיע מאד על האוכלוסיה המקומית.

היו גם אנשי אינטליגנציה ביניהם, כמו סטפן פולכוביץ שישב אתי בסרניקי. הוא היה מעין המפקד האזרחי שם והוא שיתף פעולה אתנו. הוא היה בהתחלה אנטי גרמני, אבל לא כל כך פרו סובייטי. הוא היה נציונליסט אוקראיני, או בילורוסי - הם לא ידעו בעצמם איך להגדיר את עצמם, כי פולסיה

היתה איזור שבו התושבים לא ידעו בעצמם מי הם : אוקראינים או בילורוסים. אז פולכוביץ הזה היה אנטי גרמני וזה גרם ,כנראה, לכך שהוא שיתף פעולה אתנו.

מסרניקי , שם ישבנו עד קיץ 1943. היינו שולחים מזמן לזמן קבוצות קטנות של חבלנים לפעול נגד הגרמנים, לחבל במסילות הברזל, לפוצץ רכבות שהובילו חיילים גרמנים וציוד רב לחזית, לחסל משמרות של גרמנים ונקודות משטרה, לפוצץ גשרים ולפגוע קשה ככל האפשר במשלוחים של הכפריים שהיו צריכים לספק לגרמנים, כמו בשר, תבואה וכו׳. כלומר לחבל בקונטיגוטים (מעשרים) שהגרמנים היו מטילים על האוכלוסיה המקומית.

כעבור חודשיים, התחילו הגרמנים להתקרב לסרניקי. החלטנו אז לעזוב את העיירה ולא להכנס לקרבות ישירים איתם. חזרתי אז לחטיבת הפרטיזנים והמפקדה החליטה לשלוח אותי לגדוד הפרטיזנים של אנשי לודביפול.

# בגדוד וורושילוב

זו היתה קבוצה של המפקד מיסיורה- גדוד וורושילוב ,שרובו היה מורכב מפרטיזנים יהודים. זו הייתה , למעשה, קבוצת פרטיזנית יהודית, אבל המפקד לא היה יהודי. רוב אנשי המודיעין, הביון, ואנשי התחזוקה היו יהודים. היתה גם קבוצה של אזרחים לא קרביים. זה היה בסביבות הכפר סבריצביץ. אני נשלחתי להיות שם בקבוצה הזאת המפקד הפוליטי - ה"פוליטרוק", למעשה סגן מפקד הגדוד. הייתי פרטיזן שנשלח מהמפקדה מלמעלה - לא הייתי מקומי, אבל הייתי למעשה מהפרטיזנים הראשונים באיזור. אמרו להם, שאנחנו שולחים אליכם עכשיו מפקד פוליטי חדש ששמו קוץ. שם קיבלתי יחידה והמפקד הקרבי היה תמיד אוקראיני או רוסי והאנשים המקצועיים היו רובם יהודים. הקבוצה שקבלתי היתה די נחמדה של חברה יהודים שברחו מהעיירה ויסוצק או מהסביבה. אינני זוכר את השמות שלהם, אבל אני זוכר שהיה שם אחד בשם מאיר באקאלצ׳וק, ששימש ככותב קורות המלחמה, איש ספר שישב במפקדתו של המפקד מיסיורה. מיסיורה היה לפני המלחמה מפקד מיליציה בזמן הסובייטים, ולמעשה הוא היה איכר מהעיירה ויסוצק או מסבריצביץ, ובזמן שהסובייטים היו באיזור אחרי "השחרור" של השטחים, הוא התמנה למפקד המיליציה המקומית. האיש הזה ,מיסיורה, היה איש ישר, קומוניסט טוב ואמיתי גם אוהד יהודים. קומוניסטים כמוהו לא היו במזרח אוקראינה. הוא האמין בלב ובנפש באידאל הקומוניסטי, בדיוק כמו שלמד בכתבי לנין וסטלין. הוא היה מפקד אהוב על כולם וסביבו התרכזה קבוצה גדולה של יהודים מזרחיים ומקומיים והוא שמר עליהם. אחר כך התאספו אצלו גם אזרחים פולנים, אחרי שהאוקראינים התעללו בפולנים ורצחו אותם.

בקבוצה הזאת נשארתי למעשה עד סוף 1943. הפעולות שלנו היו מגוונות : פיצוץ רכבות, מסילות ברזל וגשרים, הצבנו מארבים לגרמנים ואנשי משטרה מקומיים, תקפנו שיירות של גרמנים, שרפנו מחסנים עם תבואות שהיו מיועדות לגרמנים ולפעמים ביצענו גם פעולות טרור. למשל : כשהיו ארועי חג בויסוצק, היינו באים מרחוק עם תת מקלעים ובזוקות והיינו יורים אל תוך הקהל החוגג, כדי לחסל אוהדי הגרמנים וגם לקלקל להם את השמחה... מזמן לזמן היינו תוקפים גרניזונים גרמניים בעיירות. פעם תקפנו את הגרניזון של העיירה דומברוביצה וחיסלנו שם גם, דרך אגב, גם בית חרושת לבירה.

# בראש יחידת חבלנים

ביולי, או באוגוסט 1943 העבירו אותי מהיחידה הזאת ליחידה אחרת. זאת היתה יחידת חבלנים שתפקידה היה לפעול רחוק מהבסיס ולפגוע בגשרים, בתחנות רכבת וגם ברכבות שנסעו לחזית והובילו לשם חיילים, תחמושת וציוד כבד.

זאת היתה קבוצה שמפקדה היה רוסי מברית המועצות, המפקדה העליונה של מטה הפרטיזנים שלחה אותו לשם, וגם המפקד הפוליטי של היחידה נשלח מברית המועצות. היה להם מלאי גדול של וודקה, שסחבו בזמן שחיסלו בית חרושת לבירה בויסוצק...

הם היו נוהגים, לפני שיצאו לאיזו פעולה, לשתות "קצת" וודקה וזה הביא, בסופו של דבר, לכך שהם השתכרו וכמעט כל הקבוצה חוסלה. היו הרוגים ופצועים קשה וכמעט אף אחד מהם לא חזר. בזמן הפעולה משהו התפוצץ אצלם, וקרה להם אסון גדול, אז החליטו שצריכים לחדש את היחידה, ובחרו בי להיות המפקד הפוליטי של הקבוצה הזאת. היה עוד מפקד מקומי ששכחתי את שמו, הוא נהרג אחר כך על ידי האוקראינים הנציונליסטים. התחלנו לארגן את היחידה מחדש. החלטנו שהיא תהיה מורכבת ממקומיים. לא רצינו אף אחד מהשבויים הרוסיים ולא רצינו גם אף אחד מהמדריכים ששלחו משם אלינו. רק מדריך אחד הסכמנו לקחת, כדי שילמד אותנו להשתמש בחומרי חבלה. כך התארגנו. הקבוצה שלנו היתה מעורבת . היו בינינו כמה חבר'ה ששרתו קודם במשטרה הגרמנית ואחרי כן ברחו משם

והגיעו אלינו. היו גם כמה חבר׳ה מהעיירה סרניקי, וכמה חבר׳ה מהכפר סטרויה – סילו, שנודע להם שהגרמנים הרגו את ההורים שלהם.

אחד מהם, כך אני זוכר, בא אלי להתוודות... הוא ידע שאני יהודי ובעצם לא רק הוא - כולם ידעו שאני יהודי. הייתי למעשה היהודי היחיד ביחידה הזאת. יום אחד הוא בא אלי, אחרי פעולה מוצלחת, ואמר לי : ״אני כבר הרבה זמן רוצה לדבר אתך, כדי לומר שאני במו ידי לא הרגתי יהודים, לא הרגתי אף יהודי אחד, אני מודה שגזלתי, שדדתי, לקחתי דברים מהיהודים שהיו נחוצים לי. דע לך שכל השנים לפני המלחמה חיינו בעוני כזה, שכל זוג נעליים, כל בגד, היה בשבילנו ממש חלום, ולפתע אפשר היה לקחת כל מה שאתה רק רוצה. אני מתוודה שלא עמדנו בפיתוי הזה ולקחתי... לא עמדתי בפיתוי הזה ולקחתי..״. הגוי הזה היה כל כך פתוח ולא הסתיר ממני שום דבר. וכל הזמן הוא הדגיש שהוא לא הרג יהודים, הוא לא שפך דם יהודי... אף יהודי אחד הוא לא הרג ... זה נראה לי וידוי כל כך אמיתי שאפשר היה להאמין בו.

כאמור, את הקבוצה הזאת ארגנו מחדש ואז התחלנו לפעול. קבלתי עוד לפני כן אות הצטיינות ממפקד האוגדה ביאגמה -את עיטור מלחמת הפרטיזנים מס׳ 1. אחר כך קבלתי עוד אות הצטיינות יותר גבוה אחרי פעולה מוצלחת, עיטור ״הדגל האדום״. למעשה לפי הישגי הייתי צריך לקבל את התואר ״גיבור ברית המועצות״, אבל היה שם קומיסר פוליטי אנטישמי מאד שלא סבל שיהודי מצליח ורמז לי שיהיה יותר קל אם אוותר על הזדהותי כיהודי...לא הסכמתי.

עם הקבוצה הזאת הייתי עד סוף המלחמה. הקבוצה שלנו ביצעה פעולות חבלה, פעלנו נגד האויב הנאצי -פגענו במקומות הרגישים ביותר שלו, פוצצנו רכבות עם ציוד וחיילים שנסעו לחזית, השמדנו משלוחים של תבואה ובשר, שהיו מיועדים לגרמנים, שרפנו ופוצצנו גשרים ומסילות ברזל לכל אורך הקו ובנוסף לזה היינו גם קבוצה מחתרתית שפעלה בתוך האוכלוסיה המקומית. הלאומנים האוקראינים לחמו , לכאטרה, בגרמנים, אבל, למעשה,

צויידו על ידם. הם תקפו פעמיים מחנה של יהודים ובני משפחות הפרטיזנים והפילו קרבנות רבים בנפש. הם תקפו גם כפרים שבהם נשארו ילדי הפרטיזנים וכפרים פולניים.

# מאמינים בראש יהודי

כמפקד יכולתי להיווכח שדווקא האוקראינים המקומיים נלחמו באופן יוצא מן הכלל. הם אף פעם לא התחשבו בסכנה. היחסים ביני לבינם היו טובים, ולהם היה אמון בי, אני לא הרשיתי להם לשתות וודקה. והם אמרו בפירוש: "אנחנו מאמינים בראש יהודי. הוא לא יתן לעשות שטויות רק כדי לעשות רושם ..."

הם התרשמו כך ממני אחרי מקרה אחד בו יצאנו לפעולה חשובה ומסוכנת של פיצוץ גשרים בסביבה. התקרבנו למקום בו נהר ההורין התחבר לפריפץ', בסביבות פינסק. קבלנו פקודה להרוס את הגשרים שעל הנהר.

הגענו לאחד הגשרים האלה. הרגשתי היתה שאף אחד לא יצא חי מהפעולה הזאת. המצב הטופוגרפי לא היה כל כך טוב ונוח לבצע משימה זו. דעתי היתה שאין ללכת לפעולה הזאת, כי רב הסיכון בה. לא יעצתי לעשות פעולה שעלולה להסתיים בכשלון מוחלט, גם אם היו מבטיחים לי עבור הפעולה הזאת על המקום את התואר "גיבור ברית המועצות". הייתי בטוח ומשוכנע כי לו הייתי נותן פקודה כפי שציפו ממני - כולם היינו נהרגים. החלטתי שאני צריך עוד שבוע ימים לבדוק את השטח, ולמצוא איך לגשת למטרה.

סיירנו בסביבה, ולבסוף מצאתי את הדרך איך להגיע למטרה .מצאנו שביל שהביא אותנו לשלושה עמודים מרכזיים, שיכולנו לחבל בהם ולפוצצם. אי אפשר היה להרוס את הגשר כולו, לא היינו מצליחים בכך, אבל חיבלנו באחד העמודים המרכזיים שלו וזה הספיק והביא לכך, שמייד הופסקה

האספקה של הגרמנים לחזית מאותו איזור. צריך להדגיש, שזה היה בזמן שהחזית הבילורוסית הראשונה התקרבה מערבה והפעולה שלנו התבררה כמוצלחת מאד וחיונית וסייעה מאוד לצבא האדום בהתקדמותו מערבה...

הפעולה כולה הצליחה. חזרתי לבסיס עם כל האנשים בריאים ושלמים. אף אחד לא נהרג, אף אחד לא נפצע ורק אמרתי לעצמי : ״זהו ! לא יעלו אותי בדרגה״...

אגב, לקח לי זמן להבחין שבלילות בלב היער, הם הסתדרו לישון סביבי במעגל, כי חששו , כנראה, לא רק מהנאצים אלא בעקר מאיזה אנטישמי שירצה , אולי, לפגוע ביהודי...

מאז התחלנו לנוע דרומה ומערבה... כשהתחלנו לנוע דרומה, נודע לנו שהרבה חבר׳ה שהיו אתנו בקבוצה היהודית נשארו ביערות ברזנה בסביבות המקום שבו נשאר מדבידיב. פגשתי כמה מהניצולים מעיירתי ברזנה ואחרי כן היתה לנו פגישה בשדה התעופה דנילוביצי, זה היה בבילורוסיה המזרחית ולמעשה בפולסיה המזרחית, שם היינו צריכים לקבל הרבה נשק ותחמושת, מפני שהחזית כבר התקרבה. ואמנם קיבלנו את הנשק ושם גם נפגשתי עם הקבוצה המקורית של אנשי מדבידיב. באותה פגישה סיפרו לי שחיפשו אותי, הפיצו שמועות שלקחתי איתי את איש הקשר שלי, שלמעשה היה השרת שלי. נסעתי למפקדה של מדבידיב. הוא כבר שמע אודותי מפי מפקד יחידת החבלנים. הוא סיפר לי גם שהקבוצה שתיכננה להרוג את הרייכס-קומיסר קוך ולא הצליחה. אחר כך הוא נהרג בלבוב, הוא גם סיפר לי על פעולות אחרות שהם עשו . הוא הדגיש שהיחידה אמנם לא הצליחה להרוג את קוך ,אבל היתה קבוצה אחרת שהרגה את יושב - ראש בית המשפט האוקראיני שישב ברובנה.

חזרתי ליחידה שלי.

# הפעולות האחרונות עד הניצחון

אז פעלנו כבר כחטיבה פרטיזנית נפרדת של מחוז רובנה. שלחו לנו את מזכיר המחוז של המפלגה פיודורוב, שקיבל אז דרגת גנרל. הוא אמנם היה די רחוק מלהיות גנרל של ממש, כי לא היה איש צבא מובהק, ולא קיבל הכשרה צבאית מובהקת ומקצועית. אבל הוא היה מקובל מאד בין מנהיגי המפלגה והעריכו את פעילותו כמארגן ומפקד פרטיזים. חוא חיכה בכילין עיניים ליום שבו יבוא חזרה לרובנה ויקבל את המשרה הקודמת שלו מלפני המלחמה, ובינתיים הוא התחיל לארגן את החיים הפרטיים שלו ...

אנחנו התחלנו להרחיב את הפעולות שלנו. נשק היה לנו, השגנו אותו, אבל לא ראינו את האנשים המקומיים מפולסיה נוהרים אלינו, ומצטרפים לשורותינו. אז החלטנו לגייס אנשים בכוח. למשל ,הקבוצה שלי ניגשה פעם לכפר מסוים, ובכפר הייתה באותו יום חתונה. אנשים רבים התאספו, שתו רקדו, כאילו אין מלחמה בעולם. נגשנו אליהם ואמרנו : "חבר'ה, חסרים לנו אנשים, אם מישהו יתנגד -ניקח אותו בכוח." אז כבר המצב היה יותר נוח, מפני שאנחנו שלטנו בשטח גדול מאוד, אבל החזית התקרבה אלינו. ממי שלא הלכו איתנו, לקחנו את הבגדים והתלבשנו, קיבלנו מגפיים, נעליים, לקחנו את מי שלקחנו אתנו וחזרנו בחזרה לבסיס.

הפעולות נמשכו. חיכינו לפקודות איזו רכבת לפוצץ ובאיזה קו יש לחבל, ובאילו מסילות ברזל וגשרים. היינו נכנסים לתחנות הרכבת, מניחים חומר נפץ, מפעילים את הפתיל עם חוט רגיל, מדליקים וסופרים עד שהאש היתה מגיעה למטען החבלה, ואז מתרחקים מהר ומחכים עד ששומעים את

הפיצוץ. ואז או שנשארים ביער לראות תוצאות הפיצוץ, או שחוזרים לבסיס ומחכים למחרת לידיעה על תוצאות הפיצוץ...

אבל גם הגרמנים התחכמו. הם היו שולחים קרונות ריקים לפני שהיו שולחים את הרכבת עצמה, או שהיו שולחים קרונות עם אבנים ,ואם הפרטיזנים היו מפוצצים רכבת, הפיצוץ לא היה גורם שום נזק ממשי. אז חיפשנו תחבולות אחרות ושינינו את הטקטיקה בהתאם לנסיבות. היינו קושרים חוט ארוך שלא ראו אותו בכלל בין השיחים ומחכים עד שקרונות הניסוי שלהם היו כבר עוברים, ואחר כך כשהייתה מגיעה הרכבת ממש, היינו מושכים את החוט ואז המטען היה מתפוצץ בזמן הנכון והיה פוגע ברכבת והנזק היה רב מאד... אבל הגרמנים חיפשו עוד תחבולות וניסו כל מיני דברים. אחד מהם היה שהם כרתו מאתיים מטרים של עצים ביער משני הצדדים של פסי הרכבת, כך שאפשר היה לראות מרחוק אם אנשים מתקרבים לפסים. ואז היה מסוכן מאד להתקרב, מפני שהגרמנים היו פותחים מיד באש שוטפת מכל הצדדים, וזה הקשה עלינו מאד לבצע את הפיצוצים במסילות הברזל וברכבות, ופגע פעולות החבלה שלנו...

אז חיפשנו דרכים אחרות על מנם להצליח. עשינו זאת באמצעות נשים קשריות, שהיו מתחפשות לסוחרות עצים. הן היו שמות את מטעני החבלה בין הפחם שבקרונות, ואחרי זמן מה של נסיעה, היה חומר הנפץ מתפוצץ וגורם לגרמנים נזק רב . כך למדנו ושכללנו את הטכניקה של הפיצוץ, חישבנו באיזה משקל המטען יתפוצץ ובאיזה משקל לא יתפוצץ.

אחר כך נאלצנו לנהל קרבות עם האוקראינים, שהתנפלו על מחנה שלנו על יד העיירה סטריצביצ׳ה, כשאנחנו יצאנו לפעולות. הם תקפו את המחנה האזרחי. במחנה הזה הם הרגו את אשתו של פולכוביץ וגם מספר יהודים.בגלל זה החלטנו לפעול נגדם .היה קשה מאד לאתרם ,מפני שהם ענדו סרט אדום כדי להיראות כמו פרטיזנים סוביטיים. ופתאום התחילו להאמין משום מה, שלמערב אוקראינה יבואו דווקא האמריקאים, ואז הם התחילו לחפש בנרות

יהודים שהסתתרו והבטיחו לשמור עליהם. הם קראו לאותם יהודים לבוא אליהם כדי שישמרו על חייהם... היו גם יהודים שניצלו את ההבטחות האלה, ואז לנו קשה היה לפעול, מפני שמצד אחד ידענו, כי הם לכאורה לא פוגעים עכשיו ביהודים, אבל מצד שני, הרי הם קודם התנפלו על פרטיזנים שלנו ...נוצרה תסבוכת די קשה...

פעם הגענו לכפר אחד בסביבות העיירה סטפן ששכנה קצת יותר דרומה מפולסיה. שמענו שם איך האוקראינים הרסו כפר שלם, הרגו את כל הפולנים שבכפר, גם נשים וטף לא השאירו – את כולם רצחו בגרזנים, והתעללו בהם לפני המוות...

ידענו שהיתה להם משימה לחסל את כל האוכלוסיה הפולנית שבסביבה, אחרי שהאוכלוסיה היהודית כבר חוסלה לגמרי. האוקראינים הרוצחים האלה עברו מכפר לכפר, איפה שהיו פולנים ושחטו אותם ממש בגרזנים, מפני שלא היו להם נשק ותחמושת. ואז הם השתמשו בכל האמצעים שהיו ברשותם כדי להרוג כמה שיותר פולנים. האיבה לפולנים היתה גדולה, לכן גם התגובות שלהם היו אכזריות. ומשום שהם הרגו אנשים בגרזנים - קראו להם "סיקרניקים" (מהמילה האוקראינית סיקירה - גרזן). זאת היתה זוועה ממש שאי אפשר לתאר במילים. אחרי כל הזוועות והמאורעות שחווינו, לא יכולנו לתאר לעצמנו מצב כזה שבו האוקראינים המקומיים היגיעו לשפל המדרגה. ברצוני להדגיש, שהאוקראינים לא פעלו אז לפי פקודות של גרמנים, אלא זאת היתה היוזמה שלהם והם רצחו כמה שיותר ופולנים ויהודים...

אז התחילו להתארגן גם קבוצות פרטיזניות של אלה שברחו. למשל, הפולני הזה שפגשתי פעם ושהסתתר אתנו ביערות, נעשה פרטיזן מפורסם בפולין המחודשת.

אנחנו פעלנו באופן עצמאי. הפעולה האחרונה שלנו היתה באפריל או במאי של שנת 1944, כשהקבוצה כולה פעלה בווהלין וקראו לנו להתקדם לכיוון העיר רובנה, מפני שהצבא האדום התקרב מהר בצעדי ענק לכיוון

רובנה. וכבר שמענו שכוחות גדולים של הצבא האדום נמצאים במבואות רובנה. קבלנו הוראה לחסל רכבת של גרמנים שבה היו הרבה חיילים ואנשי ס.ס. שעזבו את רובנה לכיוון לוצק עם כל אנשי המטה שלהם ועם כל המשפחות יחד עם הרהיטים שסחבו אתם...

אחרי כמה פעולות הכנה, הצלחנו לפוצץ את הרכבת הזאת על כל נוסעיה, ועם כל הציוד שלהם. בפיצוץ נפגעו הרבה גרמנים, שבידיהם היו גם כלי נגינה מקומיים שסחבו אתם, כמו גיטרות, בלאלייקות ומנדולינות. הכל אף באוויר מההתפוצציות... זה היה חיזיון נדיר ובלתי נשכח. ניתן היה להניח שקרוב לודאי מהרכבת הזאת לא היו כמעט ניצולים...

אחרי יומיים כשיכולנו כבר לשלוח לשם אנשים לבדוק את המצב שם, אמרו לי שבזחל"מים ובטרקטורים עברו על המקומות כדי לכסות את הגוויות הרובות של הגרמנים שהתגוללו ברדיוס גדול במקום הפיצוץ. היה צריך לכסות את הדם והעצמות של ההרוגים כדי שלא ישארו סימנים. מטען חומר הנפץ היה די גדול, כי תמיד היו שומרים על מלאי של חומר נפץ, אבל ידענו שזאת אולי תהיה הפעולה האחרונה והסופית שלנו לפני השחרור...

השמירה של הגרמנים היתה לקויה. כך שיכולנו לפעול ביתר חופשיות ולהתקרב כמה שיותר למטרה ולפוצץ את הרכבת- מבחינה מבצעית היה זה יותר קל לבצע את הפעולה.

# חזרה לרובנה ולבוב

אחרי שבצענו את הפעולה הזאת בהצלחה, קבלנו פקודה לנוע לכיוון רובנה. כל הגדוד שלנו התקרב לרובנה, אנחנו היינו במאסף. ביערות נפגשנו עם קבוצת פרטיזנים אוקראינים שברחו ולא ידענו מיהם. ועד שבררנו מיהם,הם כבר ברחו. אבל הצלחנו להתקרב אליהם כמעט פנים אל פנים ,הספקנו רק לירות כמה פעמים והם הסתלקו מהר. אחר כך נודע לנו שהיתה זאת קבוצת פרטיזנים אוקראינים לאומנים, מפני שמצאנו גם כמה חוברות הסברה שלהם שהם חילקו בין האוקראינים המקומיים. היתה זו הפעם הראשונה שקבלתי לידי את העלונים שהיו חתומים באוקראינית על ידי : " אוקראינסקאיה פובסטאנצסקאיה ארמיה " (הצבא האוקראיני המתקומם). קראתי את החוברות הללו. אלה היו חוברות לאומניות אוקראיניות מובהקות בנוסח של אותו הזמן. זה לא הפתיע אותי. הכרתי אותם וידעתי את שאיפותיהם של האוקראינים הלאומנים...

התקרבנו לרובנה די מהר. זה היה כבר בחודש אפריל 1944. במבואות העיר לא התכוננו לקרב, מפני שהגרמנים ברחו מהעיר. הם עזבו אותה, לפני שהצבא האדום ישחרר אותה, ככה שכשאנחנו נכנסנו לרובנה. היינו כוח די גדול של פרטיזנים. ואז נודע לי שגם עיירת מולדתי ברזנה שוחררה וכל הסביבה שלי היתה כבר נקיה מגרמנים.

ברובנה מיד התקשרנו עם כל ה"שטאבים" של הפרטיזנים וחיכינו לצבא האדום . ובאמת הצבא נכנס לרובנה אחרי יומיים או שלושה, ניקה את השטח מהאויב ולמעשה באותה סביבה, החזית נעצרה לתקופה מסוימת בין

רובנה ללוצק. אחר כך היתה סלקציה בין הפרטיזנים. למעשה, תנועת הפרטיזנים התחסלה אחרי שחרור רובנה, כלומר היחידות כולן התפרקו לפי צו ממטה הפרטיזנים. קבוצה אחת הצטרפה לצבא האדום, את המפקדים שחשבו שאפשר להשאיר אותם לארגן את השלטון המקומי מחדש - השאירו. הם נתמנו לתפקידים בשלטון המקומי ובמפלגה. אנחנו הפרטיזנים קיבלנו משרות מפתח מנהליות.

רוב החבר׳ה מהקבוצה היהודית נשלחו הלאה לצבא האדום, למשל : דיאדיה מישא והבן שלו שמחה היו ביניהם. אותי כבר לא גייסו לצבא והשאירו אותי לעבוד ברובנה.

בהתחלה קבלתי תפקיד למצוא ולהרכיב ארכיונים טכניים שהיו נחוצים כדי לארגן את החיים במתכונת הרגילה. זאת לא היתה עבודה שיכולתי להביא בה תועלת רבה. הרי עם כל הנתונים שלי, הייתי סוף כל סוף מהנדס אגרונום ויכולתי לעבוד במקצוע שלי, אבל הייתי נחוץ להם והם רצו לתת לי תפקיד אחראי, מפני שאני הייתי פרטיזן, והאמינו בי, ובנוסף לזה הייתי חבר במפלגה הקומוניסטית. לחברי מפלגה נתנו תפקידים אחראים, ומובן מאליו שקיבלתי את התפקיד שהציעו לי ונשארתי לעבוד ברובנה. נפגשתי עם כמה יהודים - שארית הפליטה. הבנתי שהם לא רוצים להשאר ברוסיה ורוצים לחזור לפולין. עוד קודם נודע לי על שתי נערות יהודיות, מרים ובתיה שוורצמן, אחיות מן העיירה טוצ׳ין, שהסתתרו בכפר סמוך. הן השתתפו במרד הגטו של טוצ׳ין, שאביהן גצל עמד בראשו, כל משפחתן נהרגה והן הצליחו להימלט. שלחתי את אחד מחיילי על סוס, להביא אותן. הגדולה מרים, שסייעה לנו בזיהוי משתפי הפעולה עם הנאצים, הפכה לימים לאשתי , נישאנו כבר בחתונה יהודית כבר בלודז׳ בפולין ב-1945.

ברובנה עבדתי מקיץ 1944 עד תחילת 1945 ואחר כן העבירו אותי ללבוב. שלחו אותי לשם לתקופה מסוימת לאותה עבודה שבה עבדתי ברובנה. הצבא האדום נכנס ללבוב ביוני 1944 וכבר ביולי נכנסתי עם היחידה שלי.

67

המחלקה שבה עבדתי הייתה שייכת למשרד הפנים ,זאת אומרת לשירות הבטחון -נ.ק.וו.ד. בלבוב ל-נ.ק.וו.ד. היו הרבה שלוחות והשלוחה שלי היתה צריכה לטפל בארגון החיים האזרחיים בשטחים המשוחררים, היינו צריכים , כאמור, לחפש ולהרכיב ארכיונים טכניים ואזרחיים, שהיו נחוצים כדי לארגן את המוסדות והחיים האזרחיים.

# פולין- ולישראל

נשארתי ברוסיה עד יוני 1945. באותו זמן פורסם ההסכם בין ממשלת פולין וברית המועצות על הריפטריאציה ("החזרה למולדת") של אזרחי פולין לשעבר לפולין (מדובר באזרחים שחיו בפולין לפני 17 בספטמבר 1939). הגשתי בקשה לצאת לפולין בהתאם להסכם הריפטריאציה. ואחרי כמה זמן קבלתי להפתעתי רשות לנסוע לפולין, אבל ביום האחרון- זה היה ב-9 במאי 1945- קראו לי באופן דחוף למרכז המפלגה ברובנה ואמרו לי להתייצב תיכף ומיד. התייצבתי כמובן, ביקשו ממני את הפספורט, את התעודה שבעזרתה יכולתי לנסוע לפולין. שאלו אותי מה קרה ? למה אתה רוצה לעזוב את ברית המועצות ולנסוע לפולין ? עניתי להם שהגשתי בקשה וקבלתי גם רשות. ואז המזכיר השני של המפלגה שהיה אחראי לענייני תחזוקה וכלכלה שאל אותי שוב מה הסיבה, מה יש, מה קרה ? ושוב אותן השאלות. הוא הראה לי צו שאני צריך לנסוע לברלין. הוא הסביר לי שהצבא האדום הביס את גרמניה הנאצית- "הצבא שלנו נכנס לברלין ואנחנו מחפשים עכשיו אנשים שיודעים גרמנית כדי לחפש תעודות ומסמכים טכניים, ומחקרים שונים "... הוא התפלא על החלטתי לעזוב את ברית המועצות ולא היה מסוגל להבין את זה. - "מה אתה רוצה לצאת לפולין - לפנסקה פולשה" (פולין של הפאנים) הזאת" ?

אמרתי לו שאני נוסע לפולין הסוציאליסטית ואני אזרח פולין לשעבר - יש לי רשות לנסוע בהסתמך על הסכם הריפטריאציה. ואז הוא שוב פעם: "איזה פולני אתה ? אתה הרי יהודי, לא פולני, מה לך ולפולין ?". עניתי לו : "כן , אני יהודי, לא פולני, אבל אני אזרח פולין לשעבר וגם ליהודים לפי ההסכם הזה יש רשות לנסוע לפולין, אנחנו לא רוסים, לא אוקראינים, אבל

אנחנו קשורים לעם הפולני". הוא הבין את זה, אבל הוא רצה כמובן להשפיע עלי שאשאר בברית המועצות, אבל אני כבר החלטתי ולא יכולתי לשנות את החלטתי.

בשיחות פרטיות בין יהודים – אותה שארית הפליטה- דיברנו על מה שאנחנו יכולים לעשות בפולין ,ובשיחות פרטיות עם ידידים אמרנו שמה שאנחנו עושים פה כיהודים, אולי בפולין נעשה זאת יותר טוב. אנחנו היינו קומוניסטים, מחתרת קומוניסטית לשעבר בפולין, או קומוניסטים אידיאולוגיים, חשבנו שבפולין יוכל להיות משהו יותר טוב בהתאם לציפיות שלנו, יותר מאורגן .ואם כבר להתחיל מחדש, אז להתחיל על בסיס יותר טוב, כי חשבנו שלא השיטה אשמה, לא האידיאולוגיה אשמה, אלא שהרוסים והאוקראינים לא ידעו איך לעשות זאת, ושהמצב שם בפולין יהיה יותר טוב, יותר נוח ומתאים, ושם נארגן הדברים בצורה יותר יעילה...

לכן תשובתי היתה : "עכשיו זה כבר מאוחר מדי". הבינותי, שאם אפילו הייתי מוותר עכשיו על נסיעתי לפולין – כבר לא היה בי אמון מצידם. הכרתי אותם - יש להם זיכרון ארוך מאוד... ואין ספק שיכולתי לשלם עבור זה די ביוקר. ובכל זאת הם הציעו לי לחסל את כל ההכנות ליציאה לפולין ולהשאר. אבל לא האמנתי להם, לא רציתי לקחת את הסיכון הזה ובזה זה נגמר.

נסעתי לפולין, שם נשארתי מ-1945 עד 1957. הגעתי ברכבת ללודז' וכחבר המפלגה התייצבתי מיד במזכירות המפלגה וקבלתי תפקיד והוראה לגשת מיד לעבודה. שלחו אותי ליחידה שצריכה לארגן את התעשייה. במשרד אמרו לי שאני אהיה סגן מנהל הסקטור התעשייתי במשרד הבטחון. לא ידעתי מה זה, מה יהיה תפקידי, אמרו לי רק : - אתה צריך להתקשר עם מפעלים ובתי חרושת בלודז' ולארגן את העבודה שם. (המנהל של היחידה הזאת היה גם כן מהנדס יהודי.).

כעבור חודש או חודשיים של עבודה, הבנתי שזה לא בשבילי. המקום הזה לא היה לרוחי, מפני שלמעשה זה היה משרד הבטחון , שירות הבטחון,

וכל חיי לא חשבתי ולא שאפתי לעבוד במקום כזה... היה , למשל, מקרה שבו הפועלים ארגנו פעם שביתה. אז באו אלינו ואמרו לנו : אתם צריכים לחסל את השביתה הזאת שהיא אנטי ממשלתית, אגטי מפלגתית, והשביתה היא ,למעשה, ביטוי התנגדות למשטר. נפגשתי עם האנשים "הגדולים" שהיו אז בלודז' ואמרתי להם : "אנחנו שקשורים בכל זאת באיזשהו אופן עם תנועת העבודה, אנחנו נלך לדכא פועלים, נלך נגד הפועלים ? "- הבעיה של הפועלים הייתה, שהם רצו להפגין נגד זה שהמשכורת שלהם היא נמוכה מאוד ובנוסף לזה האספקה שהם מקבלים לא מאפשרת להם לחיות... מובן שהדברים שלי לא מצאו חן בעיניהם והם אמרו לי : "זה לא תפקידך לארגן מזון לפועלים. יש פקודה - תארגן את זה. אז שאלתי אותם ,את האחראים : איך לארגן דבר כזה ? - אני לא מסוגל..."

הגשתי בקשה שישחררו אותי מתפקידי , אבל למעשה שחררו אותי רק כעבור ארבעה חודשים , כ"לא מתאים לעבודה בשירותי הבטחון". היו לי בהתחלה קצת צרות, לא רצו לתת לי תפקיד אחר ,והנימוק היה : המפלגה שלחה אותך לעבודה אחראית ומכובדת בהתאם לכישורים שלך, אתה מהנדס וגם איש צבא ואנחנו שולחים אותך למקום שאנחנו צריכים אותך שם, ופתאום אתה אומר שאתה רוצה לעזוב את העבודה ? היית צריך לבוא אלינו, להסביר את הנימוקים שלך, אולי היינו עוזרים לך להתגבר על הקשיים שלך וכו '...

התשובה שלי היתה : "כשבאים אלי אנשים וטוענים מה שטוענים ואני רואה שהם צודקים, אז אני ,עם האופי שלי, לא מתאים לתפקיד הזה... כשהיו באים פועלים אלי והייתי צריך לערוך ביקורת, הייתי מצדיק את מעשיהם. הבנתי את הקשיים שלהם בעבודה. אין חומרים מתאימים, אין כלי עבודה, ואי אפשר לעבוד בצורה סדירה. אבל הם תמיד חיפשו את האשמים ותמיד חשדו : אולי יש פה מחתרת מאורגנת נגד המשטר, נגד הממשלה, נגד המפלגה. הם ידעו שבפולין נשארו הרבה אלמנטים עויינים למשטר הסוציאליסטי, לכן החשדנות אצלם היתה גדולה. הם חשדו שאנשים רוצים לחבל בתעשייה, לעשות דיברסיות נגד השלטון וכו' אמרתי להם : "רבותי יכול להיות שאני לא

מתאים לתפקיד הזה ,ואם אתם רוצים להווכח ואתם רואים שהאנשים קשורים לכוחות אויב זרים ואני לא מוצא את האשמים - אז יכול להיות שאני לא מסוגל לראות את זה"... הם קיבלו ,כנראה, את זה ושחררו אותי מהעבודה בשירותי הבטחון. אבל בכל אופן לא הוציאו אותי מהמפלגה, לא זרקו אותי החוצה, אבל נדבק לי איזה כתם שאני לא ממושמע מספיק...

אחר כך העבירו אותי לעבודה במרכז תעשיית הבניה שהיה שם בלודז' .היו אז מוכרחים לאסוף עצים בשביל תעשיית היערות. קבלתי את המדור הזה ועבדתי בתפקידים אדמיניסטרטיביים בערך כשנה. אחר כך העבירו אותי לתפקיד שהיה קשור לבניית מחסנים בשביל תעשיית הטקסטיל. בלודז' היה מרכז תעשייתי גדול של טקסטיל וידוע שלודז' היא עיר היסטורית של תעשיית הטקסטיל, והיה צורך לבנות מחסנים גדולים. ולכן היה צורך למצוא איזה מומחה לארגון ,לפיתוח ולבניית המחסנים, מפני שהכל היה הרוס וגם אספקת העצים היתה קשורה לכך, וגם הבניה הכפרית. עברתי לעבוד במרכז תעשיית הטקסטיל בתור מנהל מדור הפיתוח ועבדתי בתפקיד זה בערך כשנה. כעבור שנה, מפני שהצלחתי בעבודה ובתפקיד נתמניתי לסגן המנהל הכללי של מרכז הטקסטיל בפולין שמקום מושבו היה בלודז'.

. עבדתי שם עד 1951. אז התחילה בפולין מעין מגמה שאנשים יחזרו למקצועותיהם , ומכיוון שהייתי די מפורסם, באחד העתונים כתבו עלי : איזו תועלת יש מזה שאגרונום - יערן ,במקום שיעסוק במקצועו, עוסק בבנית מחסנים ובתי מסחר לטקסטיל - שזה לא המקצוע שלו. ומשורר סטירי פולני ידוע בוורשה כתב ביקורת בחרוזים על זה שבמקום לעסוק ביערנות או בחקלאות - "שורה (זה היה כינויי במחתרת) בונה לנו גורדי שחקים במקום להתעסק באדמה ולא בשמיים". (באותו זמן בניתי בלודז' את מרכז תעשיית הטקסטיל -בנין רב הקומות הראשון בלודז' ובעצם בפולין כולה אחרי המלחמה). אחרי הביקורת הזאת הזמינו אותי למרכז המפלגה והציעו לי שני דברים : לשלוח אותי להיות נספח מסחרי בטורקיה, או לעבוד במקצוע שלי -יערנות .

לעבוד ביערנות באותם הזמנים היה מאד מסוכן. במיוחד ליהודי. בפולין הסתובבו עדיין אנשים וקבוצות לאומניות פולניות שהתנגדו למשטר. הם שהו הרבה ביערות והתנפלו על אנשי צבא ופקידים והרגו אותם. בנוסף לזה רוב האזרחים הפולנים היו עוזרים להם, היו להם הרבה אוהדים והיו קשורים איתם. כך זה היה בזמן המלחמה, וכך זה היה גם אחרי המלחמה. הם רצחו גם יהודים שבהם ראו את נציגי המשטר הקומוניסטי השנוא עליהם.

ברור שאשתי וגם המכרים שלי, יעצו לי שלא לקבל את התפקיד הזה. סרבתי להצעות, ואמרתי להם שאני לא מסוגל לעבוד בזה. אז הם הציעו לי תפקיד דיפלומטי – להיות נספח מסחרי של פולין בטורקיה . גם את התפקיד הזה לא רציתי לקבל מפני שידעתי שמיד אחרי שאסכים לתפקיד דיפלומטי יתחילו שרותי הבטחון לחקור את עברי. והאמת היא שהייתי פעיל בתנועה הציונית עוד לפני המלחמה, נטעתי עצים בשביל הקרן הקיימת בארץ ישראל. ובנוסף לזה בשנת 1948 יצאה שמועה שאפשר להגיש בקשה לנסוע לארץ ישראל אחרי קום המדינה.

בני ,שנקרא על שם סבו מצד אשתי ועל שם אבי, ובפולנית אוגניוש (במקום גצל)  יוזף ,  ובארץ בחר לו את השם גדעון, נולד בלודז׳ ביולי 1948 , ואמרנו לעצמנו , אשתי ואני , כי לו יש כבר מדינה...

גם לפני כן היתה קבוצה של אנשי צבא, קצינים יהודים שרצו לנסוע באופן ליגאלי להצטרף לצבא הגנה לישראל. הם סיפרו לנו שהשמידו להם את כל המסמכים ואמרו ש״זה לא אקטואלי״. אבל ב-1948 אמרו שמותר לצאת. למרות שהייתי פקיד בכיר בתפקיד אחראי הגשתי אז בקשה ושלש פעמים קבלתי תשובות שליליות. סירבו לתת לי לצאת מפולין. אני לא הסכמתי אז וכתבתי שיש לי משפחה בארגנטינה (שני אחי נסעו לשם לפני המלחמה) ושאני רוצה להפגש עם המשפחה וכו׳ .טענתי שאני קומוניסט ושגם שם בישראל אפשר להיות קומוניסט נאמן לסוציאליזם ולקומוניזם.

את כל "הסיפורים" שלי לא קבלו , כמובן, וסירבו לתת לי לצאת מפולין. קבלתי תשובה שלילית באופן סופי. צריך לציין שכל היהודים שהגישו אז בקשות לנסוע לישראל קיבלו תשובות שליליות ולא רק אני. לא הרשו לנו לצאת מפולין. אז ברור שהדבר הזה נרשם באיזשהו מקום בשירותי הבטחון. הם לא נקטו אמצעים נגדי כל אותו הזמן ואפשרו לי לעבוד בלי שום בעיות. אבל ברגע שהציעו לי תפקיד דיפלומטי היה לי, כמובן, היסוד לחשוש ולסרב לקבל תפקיד זה ,מפני שידעתי שיתחילו לחטט במסמכים שלי ובודאי ימצאו את בקשתי לנסוע לישראל, וזה היה יכול להגמר בשבילי לא טוב. הייתי בר מזל שמנהל כוח האדם במרכז הטקסטיל לא היה יהודי. הוא היה פולני, קומוניסט ותיק שהבין אותי, והוא לא עשה רעש גדול כשהגשתי אז בקשה לצאת לישראל. הוא אמר לי אז בפירוש : - "תראה , פה לא תוכל לשבת כבר במקום הזה, כולם מכירים אותך ומכירים אחד את השני וגם יודעים שהגשת בקשה לצאת לישראל,למרות שזה אצלי לא דחוף ואני לא מעביר את זה הלאה לאן שצריך, אבל אם תעמוד על זה בתוקף שאתה רוצה לנסוע לחוץ לארץ יתחילו ,כמובן, לחטט בניירות שלך, ואז הם ידעו שאתה לא כל כך "כשר". אז רצוי מאד שאתה תעבור לתפקיד אחר וגם במקום אחר"... אז במקרה נמצא אחד שעבד הרבה שנים בלובלין ובא ללודז׳ במקומי, בשם בז׳זובסקי. הוא היה מנהל יחידה ואחראי של מרכז הטקסטיל בלובלין. הוא התקבל לעבודה במקומי. גם הוא היה יהודי וגם הוא עלה ארצה, אבל הוא נספה במטוס יחד עם אשתו (המטוס שהתפוצץ באופן מסתורי בשווייץ. יש לו בת בארץ).

ואז העבירו אותי לתפקיד בכיר בבירה, וורשה. אשתי נשלחה לעבוד במרכז המיניסטריון לסחר חוץ, ואני קיבלתי תפקיד של המנהל הכללי של מרכז התכנון של תעשיית מזון. הייתי בערך שנה או שנה וחצי מנהל מרכז התכנון של תעשיית המזון והמסחר ביחד. והייתי בצוות הניהול הכללי. אחר כך רצו לפתח בפולין את תעשיית החלב, ובזה אני בעל מקצוע, כמובן. ואז עברתי להיות סגן המנהל הכללי של מרכז תעשיית החלב ומנהל כללי של מרכז גידול בעלי חיים. היו אלה מרכזים ממשלתיים גדולים ובשנתיים האחרונות

לשהותי בפולין הייתי מנהל אגף הפיתוח במיניסטריון תעשיית חלב ובשר (כן,
היה מיניסטריון כזה בפולין), שם עבדתי עד שהגשתי בקשה לצאת לישראל
ב-1957. קבלתי את הרשות לצאת לישראל. חשוב לי לציין שעבדתי כמעט
עד הרגע האחרון. אולי חודשיים לפני עלייתי ארצה הפסקתי לעבוד, כדי שלא
יעשו לי קשיים, אבל המשכתי לקבל את המשכורת. ב-1957 הגעתי ארצה עם
משפחתי.

## הגרמנים חשבו שמדובר בגדוד שלם
## אלכסנדר ("שורה") קוץ, פרטיזן, 1919–2005

**מאת אורי דרומי, פורסם ב הארץ, 03.08.2005**

אלכסנדר קוץ נולד בעיירה ברזנה שבאוקראינה, סיים תואר של מהנדס-אגרונום בטכניון של לבוב וקיבל את התעודה ב-22 ביוני 1941 - היום שבו פלשו הגרמנים לברית המועצות. הוא חזר ברגל לברזנה, נעצר על ידי הגרמנים, אך הצליח להימלט אל היערות שבסביבה. שליחי הצבא האדום והקומסומול הטילו עליו לארגן התנגדות לגרמנים באזור ווהלין, ואז דבק בו הכינוי "שורה". ביולי 1942 הוא הצטרף כקצין מודיעין לגדוד פרטיזנים שפעל באזור רובנו. כשנודע על מעשי הטבח שערכו הנאצים ביהודים, בהם בני משפחתו, הוא וחבריו דרשו לאפשר להם לסייע לניצולים, ומשניסו לסלקם לאחור החליטו שורה וארבעה מחבריו להישאר ביערות ולהילחם. הם הצטרפו לחוליית לוחמים יהודים בפיקודו של מישה ("דיאדיא") גינדלמן, סרן בצבא האדום. חוליה קטנה זו - שמונה גברים ושתי נשים - פשטו על מחסני מזון של הגרמנים, חיבלו בקווי התחבורה שלהם ובאמצעות כרוזים האדירו את כוחם, כאילו היו כוח חלוץ של יחידת פרטיזנים גדולה יותר. מול לחץ הגרמנים הם נאלצו לסגת והצטרפו לקבוצת חיילים סובייטים שברחו מהשבי הגרמני, אלא שחיילים אלה התגלו כפושעים ואנטישמים, ושורה ואנשיו עזבו אותם (שתי הנשים שבחבורה החליטו, משום מה, להישאר).

בינתיים הגיעה לאזור חטיבת הפרטיזנים בפיקודו של הגנרל סבורוב, ומה רבה היתה תדהמתו של הגנרל כשגילה כי כוח הפרטיזנים היהודי ששמו יצא לפניו מנה שמונה לוחמים. מפקדו של סבורוב, הגנרל קולפאק, מינה את שורה כקצין המודיעין של הגדוד השלישי בחטיבה ואחר כך כמזכיר הקומסומול המחתרתי בעיירה סרניקי שליד פינסק - דבר נדיר עבור יהודי. כסגן מפקד בגדוד "וורושילוב" השתתף בפעולות קרביות בעורף הגרמנים וזכה ממפקד החטיבה, ביאגמה, ל"אות פרטיזן מלחמת המולדת דרגה 1".

ביולי 1943 התמנה שורה למפקד בפועל של גדוד בחטיבת ביאגמה, ובמבצעים נועזים - כמו פיצוץ הגשר במפגש הנהרות הורן ופריפץ' - חיבל בתנועת הגרמנים וסייע להתקדמות הצבא האדום בחזית ביילורוסיה. את כל הפעולות הללו ביצע בלי לאבד אפילו לוחם אחד. על כך זכה בעיטור הקרבי הגבוה "הדגל האדום" ואף הומלץ לעיטור "גיבור ברית המועצות", שבו לא זכה מכיוון שסירב לוותר על ציון זהותו היהודית. בגדוד שעליו פיקד הוא היה היהודי היחיד, אך חייליו האוקראינים העריצוהו, ונהגו לישון סביבו ביער, כהגנה מהתנכלות של אנטישמים. ב-5 בפברואר 1944 הוא היה הראשון שנכנס לרובנו המשוחררת.

אחרי המלחמה התמנה שורה - והוא בן 25 בלבד - כאחראי על חידוש החיים האזרחיים בפלך ווהלין. הוא הכיר את מרים, שהסתתרה כל המלחמה, והתחתן עמה. אחר כך עבר לפולין, התמנה למנהל תעשיית הטקסטיל במדינה ואף הקים את מרכז הטקסטיל בלודז' - גורד השחקים הראשון בפולין שאחרי המלחמה. הוא עבר לוורשה, טיפס בהיררכיית השלטון הפולני, אך ב-1957 הגשים את חלומו ועלה לארץ.

הוא סירב להתהדר בדרגות הקצונה של הצבא האדום, ובצה"ל התעקש לעבור קורס קצינים. הוא נעשה מומחה לתזונת בעלי חיים ואחראי על המחקר הווטרינרי בחברת "טבע" ובחברה הבת "אביק". "חברת טבע חייבת את הצלחתה המרשימה לעובדים כמו אינג'ינר אלכסנדר קוץ, שהיה לי הכבוד להכירו", כתב עליו אלי הורביץ, יו"ר "טבע". בנו, העיתונאי גדעון קוץ, אומר כי שורה נהג לסייר בלילות בשכונתו רמת אביב, במסגרת המשמר האזרחי, יחד עם הרמטכ"ל לשעבר חיים לסקוב, "בקצב מואץ, כששני הלוחמים לשעבר שומרים על שפתיים קפוצות".